U0926629

效率革命

让组织效率倍增的6个关键

尚明准／著

中国财富出版社

图书在版编目（CIP）数据

效率革命：让组织效率倍增的6个关键/尚明淮著. —北京：中国财富出版社，2014.8

（中国100强名师名作）

ISBN 978-7-5047-5299-4

Ⅰ.①效…　Ⅱ.①尚…　Ⅲ.①企业管理-组织管理学　Ⅳ.①F272.9

中国版本图书馆CIP数据核字（2014）第160706号

策划编辑	姜莉君	**责任印制**	方朋远
责任编辑	苏佳斌　姜莉君	**责任校对**	杨小静

出版发行　中国财富出版社

社　　址　北京市丰台区南四环西路188号5区20楼　**邮政编码**　100070

电　　话　010-52227568（发行部）　010-52227588转307（总编室）

　　　　　010-68589540（读者服务部）　010-52227588转305（质检部）

网　　址　http：//www.cfpress.com.cn

经　　销　新华书店

印　　刷　三河市西华印务有限公司

书　　号　ISBN 978-7-5047-5299-4/F·2195

开　　本　710mm×1000mm　1/16　　**版　　次**　2014年8月第1版

印　　张　15.5　　**印　　次**　2014年8月第1次印刷

字　　数　222千字　　**定　　价**　38.00元

编委会

主办单位 北京联大文化发展有限公司 北京盛世卓杰文化传媒有限公司

主办官网 http：//www. sscbw. com

出版支持 中国财富出版社

渠道支持 当当网 dangdang.com 亚马逊 amazon.cn 京东商城 360buy.com 新華書店 XINHUA BOOKSTORE

战略支持

前　言

聚焦发展难题，引爆效率革命

效率问题，是企业管理学界的重要研究问题，同时也可以看作是经济学所要解决的本质问题。提升效率的理论和方法，适用于宏观经济、市场、行业和企业个体等不同方面和层次上有着不同的具体方法，但是其最根本的内涵都是相同的：通过对效率的革命，整合资源并进行合理的配置和利用，从而解决发展难题。

当今中国，日益和世界接轨，企业是整个国民经济运行组成部分中的重要角色，发挥着重要的作用。企业不仅需要为所有者带来利润，同时，还应充当社会进步的推动器和稳定器，能够为国家的社会生产、居民生活提供充分稳定的经济保障。因此，作为企业的所有者和管理者，应该充分关注如何从自身在企业的工作中进行研究、做出改变，从而提高企业的经营效率。

目前中国的民营企业中，效率的重要性虽然被一再提及，但真正能够着手完全加以解决的企业却乏善可陈。下面的这些问题，体现了效率管理对企业发展的限制。

处理生产经营中的细节问题，占据了企业大量的管理成本，让企业付出了远远大过收益的代价。

由于工作效率产生的问题，经过不断地放大、交接和催化，变成了影响企业发展速度和方向的大问题。

企业的实际运营管理中，没有形成良好的机制去解决效率问题。

……

诸如此类问题，并不一定是因为企业中的员工没有履行好各自的岗位职责，也不一定是因为他们缺乏工作责任心、没有付出实际行动，而是因为企业在更高层面上的管理缺乏推动效率革命的力量。

正因为如此，企业家需要关注如何改变现有企业的格局难题，聚焦企业的发展，并将企业不同领域的管理提升、集中到对效率的提高上。采取这种正确的目标，将帮助企业获得新生命，走出一条和以往截然不同的新路。

有句话说得好：幸福总是相似的，痛苦则有着各自不同的版本。从颇具规模的大型企业到刚刚起步的小微企业，关于影响效率的最终因素，每个企业也都有着各自不同的版本。但根据多年实践经验，笔者认为大体上可将影响组织高效的关键因素分为以下六点。

一是治理结构，它好比人的大脑，决定人的性格和价值取向，控制着人的整个身体，行使着企业绝大部分的决策权力。为了使企业适应不断变化的发展需求，改善企业的经营效率，我们有必要对治理结构进行一次全面改革。

二是组织架构，它相当于人体的骨骼，决定人的体魄、硬度和高度。有了骨骼的支撑，身体才能处于不断运动的健康状态。从这个意义而言，组织架构便是让企业组织立起来的骨骼，也是企业高效运行的基础和保障。很多企业家总是会不自觉地探讨企业执行问题。实际上，企业组织的执行力，不只是企业员工及管理人员素质、水平高低的问题，而主要是组织架构的设计问题。唯有通过合理的架构设置，才能让每个组织成员明确相互之间的关系及性质，明确自己的地位、权力、责任及作用，而组织架构便是提供这样一个共同约定的框架。

三是流程，它好比人体的血管，负责将氧气输送到人体的每个区域，

维持机体生命。只有血管运行畅通无阻，人体才会有健康的好气色。同样地，在企业组织中，流程就是一连串的彼此紧密联系的活动，且往往上一流程与下一流程之间是环环相扣的，所有的流程最终形成了一个不间断的流程。任何一条流程的断裂都有可能导致企业效率的大大降低。

四是信息化，它相当于人的神经系统，决定人体的运行速度和敏感度。同理，神经系统的好坏直接反映了企业决策与判断的好坏与快慢，因此，要想让企业高效、快速发展，推动组织管控，就要注重信息化。

五是企业干部（管理者），它相当于人体的肌肉，是力量的源泉。马克思认为，肌肉决定价值。只有肌肉强壮，才能调动全身的力量。同理，一个企业要想高效运转，首先其管理干部要强大起来。

六是企业文化，人所处的环境，会影响一个人的素质和行为风格。而企业文化是持续改善组织效率的重要使命与价值体现，它是解决上述五个组织效率问题的“总阀门”。所以，打造高效的企业执行文化，是提高企业竞争力的基础，亦是提升组织效率的重要途径之一。具体见下图。

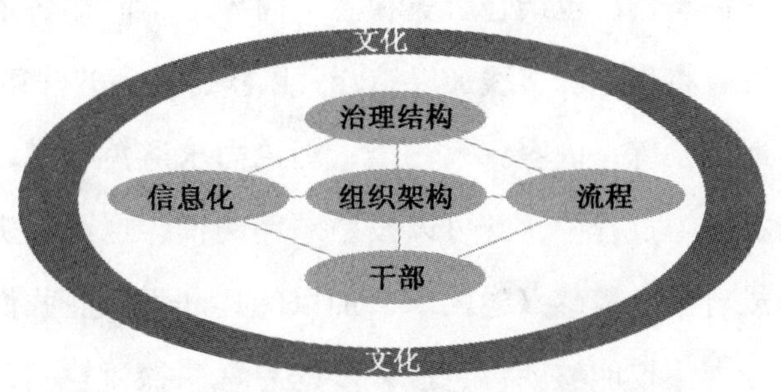

影响组织高效的关键因素

遵循以上线索和思路，根据笔者多年来对民营企业的观察和咨询经验，将研究的视角和力量集中在对企业效率的提升上，创作了《效率革命》一书。和大量讨论企业提升效率的书籍不同，笔者从更大范畴、更高领域去看待企业效率所受到的影响，并分析其背后的因素，指出在企业内部管理多方面的缺失部分，给出了简单、易行而且贴合实际的工作办法。通过这套办法，企业家将找到长期有效的提升自己企业效率的方案。

本书结构层次严谨，逻辑清晰，共划分为八章，其中第一章，重点对民营企业的不同管理模式方法进行了回顾，肯定其中对效率提升有益的方面，指出对效率提升存在负面影响的不足；第二章到第七章，则分别从公司治理、组织架构、企业内部流程、企业信息化、企业文化建设、企业员工管理方面，详细讨论和阐述了如何从这些不同层面来对企业的效率加以战略方向的提升；第八章，则针对中国民营企业的现状，根据家族企业的特点，指出了如何采取专属的效率提升方案来开拓我国家族企业未来发展方向的道路。

本书每一章最后一部分的内容“革命演练”旨在帮助企业家能够有目标、有方法地通过和笔者共同探讨某一方面的具体问题和现象，对效率提升得出不同于以往的深入认识，从而能够帮助读者更好地了解认识企业效率、提升企业效率。同时，本书延续理论结合实例的传统，吸纳了大量来自企业经营实践的案例，也结合历史和时下商界中不同知名企业的案例进行剖析，帮助读者将理论和实践加以结合，以获得更多的裨益。

本书语言通顺精练，内容深入浅出，理论力求避免枯燥，案例力求形象直接。读者在学习过程中，既可以按照顺序阅读，也可以挑选对工作最重要、最急迫或者个人最感兴趣的章节加以阅读和学习。我们相信，在学习本书之后，读者不仅能够获得更进一步的思考、探讨空间，还能将管理思想上升为行动，从而在管理企业的各项工作实践中弥补缺失、解决问题，获得个人事业的持续进步，不断迎接更大的胜利！

作　者

2014 年 5 月

目　录

第一章　忆往昔展未来：管理回顾

究竟是什么吞噬了企业的效率

不少企业管理者常常抱怨，企业利润增长缓慢，或是难以留住优秀的人力资源。这两个问题表面上看虽指向利润和成本，但追根究底是效率降低的本质问题。只有在效率低下的企业中，才会导致因为效率低下而产生的利润降低和人才流失，并使企业陷入恶性循环中。那么，企业家应该如何看待企业的效率低下？如何认识其背后的原因呢？

——效率革命智慧箴言

效率低下，无疑是困扰企业的幽灵。

正是因为效率低下，导致企业陷入恶性循环：利润下降—人才流失—效率更加低下。那么，效率低下背后的病症究竟在哪里？这种问题是如何困扰企业的？实际上，除了客观因素，如生产技术水平、企业文化高低等情况之外，一个相当重要的原因，在于企业管理者在实际工作中或多或少犯了本末倒置的错误，他们过多地追求企业短期的利益，而忽视了对于企业效率的长远追求和严格重视。其实，企业管理者的首要职责并不在于短期内就为企业带来怎样的业绩提升，而是要倾注其心血在提升企业效率上。

我曾经有一位这样的学员，他从一家公司的部门主管做到总经理，为企业的发展付出了很多心血，对自己的工作也非常投入、负责。但是，直到他成为总经理之后，依然保持着很多以前的工作习惯。例如，见到基层员工出勤有问题，他会自行对员工提出批评；看到一些浪费现象，他也会亲自指出。虽然我们不能否认这位总经理工作负责，但他实际上却并没有尊重企业管理中的必然指挥原则——“一个员工应该只接受一个领导的命令”。比如，员工出勤情况应该是人力资源部的工作，浪费情况则是行政部的管理范围，而作为总经理的职务并不在这些直接的细节上。

尽管这家企业规模目前依然发展，但这位老总采取的还是当年自己做部门主管的工作作风，他总是试图对自己能看到的一切工作都给出关切，希望能够布置得精细入微。而因此带来的直接问题是，当他外出去参加一次高峰论坛之后，仅仅一周不到，公司内部的电话和邮件就蜂拥而至，反映的全都是一些日常工作中的琐事。因此，该老总只好提前结束业务活动，紧急返回公司进行处理。

企业的管理者之所以事必躬亲，是因为他们并没有将工作的注意力放在提高企业的日常效率上。这种工作作风导致他们无法积极利用和调动下属的工作积极性和创造性，无法实现人尽其才。在这样的工作氛围中，企业的效率低下也就并不奇怪了。

企业效率低下的原因可以归纳为以下几点：

1. 核心管理者职责不明确

在实际工作中，不少企业家并没有明确自己的重要职责关乎效率，而是经常只看到具体问题而看不到整体问题，只看到短期利益而看不到长期利益，只看到个人的因素而看不到整体的因素，只看到表面现象而看不到本质的原因。因此，他们虽然工作辛劳，但却无法获得企业高效率的回报。

企业家是企业的核心管理者，因此，他们必然主导着企业的效率高低，而不是由基层员工的表现来主导。只有这些核心管理者能够将提高企业的效率看作自己的第一职责，才能够让企业真正在高效的生产运营过程中获得应有的竞争力，并将效率转化成为企业的大量利润，确保在市场中立于不败之地。因此，对于每一位企业核心管理者来说，想要让企业步入

提升效率的正轨，获得弥足珍贵的发展动力，就应该无论从战略上还是从日常工作中，都将提升业务总体效率看作自己的首要职责。

2. 结构问题

当然，企业效率低下，并非完全是企业管理者个人的问题。不少企业都存在这样的现象——管理者殚精竭虑希望从自身或员工上来提高效率，但却总是事与愿违。实际上，许多企业的效率低下并非完全在于“人”，而是在于“环境”。

当一家企业本身的组织结构存在问题，就会影响到工作环境，继而导致工作环境中的工作流程枝节丛生，明明有着更好的方法、更好的流程，却对之熟视无睹，依然按照旧的工作方式进行。这样，企业效率低下则不可避免。

3. 文化问题

除了上述两点之外，企业效率的低下还在于企业文化的影响。在不少企业中，企业文化缺少足够的凝聚力、团结力，无法利用企业文化对每个员工的影响，而营造出企业内部应有的信任感、协作感。这样，伴随着整个企业内部的人文精神、协作精神的萎靡，企业内部的信任基础遭到破坏，员工之间、员工上下级之间产生更多的不信任，并由此导致工作资源的闲置与浪费，工作效率因此降低。更不用说企业文化建设的不足，还会导致更多问题，如个人工作作风的懒散、交流沟通的缺乏、集体目标的难以形成等，这些无疑是企业效率背后的“杀手”。

面对上述问题，企业家不应再坐等改变机会的到来，从现在开始改变，对问题原因进行分析，才能获得对企业效率的救赎机会。

影响企业效率的关键问题分析

企业的生产效率会直接影响企业的发展前途。因此，不断提升企业的效率，不仅是市场压力下的现实要求，也是企业自身需要不断付出的追求。面对当前市场竞争不断激烈化，企业必须要全力获得机会，并对影响企业效率的问题加以分析和把握，从而全面认识企业效率提高的途径，并找准企业发展的方向。

——效率革命智慧箴言

今天的企业面临从市场到客户、从合作伙伴到自身、从产品到服务等诸多矛盾，因此，在成长的道路上，经常会经历情况完全不同的阶段、发现不同层面的问题。除了应该保证企业的产品品质、全面提高企业的产能之外，对于当前绝大多数企业来说，其首要任务在于提高企业的效率。因此，分析并清楚影响企业生产效率的因素，对于企业管理者来说是具有良好现实意义的事情。

以下为对一家制造企业效率问题原因的分析报告：

1. 生产方面效率降低的表现

（1）人员因素：主要表现在员工熟练程度较低、员工队伍结构不合理、员工工作岗位不稳定、员工士气较低、纪律意识不强。

（2）设备因素：主要表现在设备维护不合理，导致较高的故障率，而工作人员在维护中将工作重点放在维修上，并未注重日常的协作预防和保养。

（3）物流问题：表现在工作流程中物料收发缺乏衔接性，对生产开始

或者中途生产的情况，物料收发人员配合度较低，导致生产线经常停滞下来等待物料，而现场物料整理度较低、标志不清楚，导致生产停顿去翻找原料。

（4）技术品质问题：主要表现在生产工艺、技术标准不明确，对于经验型的错误不能够重视和预防而经常重返，而对于成功型的经验也并没有重视、总结和及时地推广。

（5）混乱的现场管理：这种管理不仅导致物料的重复查找和搬运，还导致生产作业无法顺畅运行，对任务无法进行合理的分解和分配。

2. 生产管理过程效率降低的表现

（1）生产节奏问题：在该企业，车间和部门之间、班组和班组之间、上下级之间的工序缺乏有效平衡，而生产前期的准备缺乏，导致生产指令并未获得应有的合理性，生产的过程和进度无法得到有效控制，导致计划经常无法落实。

（2）生产运作问题：系统流程的脱节，导致部门和车间、车间和班组、工序和工序之间信息传递渠道并不畅通，妨碍了管理效率的提高，同时，单位之间乃至员工之间也更容易产生推诿的现象，给生产效率的提高带来阻碍。

（3）工作方法和习惯问题：基层员工并没有在工作中进行真正的探索和总结，以提升管理水平，没有通过科学分权和明确责任来推动下属发挥主观积极性。

3. 制度引起的效率降低的表现

（1）生产职责不清：在企业制度中，没有对不同职位应该履行的职能、工作和流程以及具体的执行方式、前后关系与员工之间的关系做出必要的明确的规定。

（2）考核不严格：不少管理者对下属的考核没有做到实事求是，因此无法通过科学的考核体系来进行业绩评估，导致员工工作业绩好坏的结果都差不多，无法进行真正的科学考核。

(3) 规划不合理：管理者对于企业内部生产要素没有做到充分科学合理地规划并组织分工，同时，对于其中资金、人员、时间和机器等不同的生产资源缺乏科学地运用和管控，这样的问题导致企业的管理规划和生产规划都无法具有明确效率。

(4) 责任不明确：缺乏有效的追溯责任机制，基层管理者效率意识不高，也缺乏必要的服务意识，这导致生产管理缺乏真正的领导核心，也缺乏基本的生产管理制度。

该企业的效率分析报告具有很强的代表性和典型性，不少企业之所以缺乏应有的效率，原因并非单方面的，而是复杂而立体的原因集合。

那么，影响企业效率的根本原因是什么呢？

我们不妨将企业看作一台电脑，开机或者运行各类应用程序都非常慢，就会严重影响工作效率。这时你若请教一些业内人士，内存的经销商肯定会建议立即加大内存，提高运算速度；硬盘经销商肯定会告诉你空间不够会导致运行速度严重下降；显卡经销商一定会强调显卡性能对电脑整体性能的严重影响；主板经销商会建议你立即升级主板，同时更换最新型号的 CPU（中央处理器）！

在企业也是一样，每个部门都从自己的视角出发，只关心局部效率、个人效率，而忽视组织间的组织协调与整体效率。真正的组织效率处理高手就像一个电脑高手一样，通常从大局出发，注重整体性能的提升，通过升级整体平台或提升瓶颈组件的性能，提升组织的整体效率。

再比如，一台电脑，Word 运行很慢，Excel 计算很慢，Visio 绘图很慢，你即使把这三个软件升级到最高级别、最新成果，也不一定能提升运行效率，相反，由于新的软件功能更强大，占用空间更大，所以电脑运行更慢。高手考虑的通常是改变整个平台的系统，将 Windows1997 换成

Windows2007，即使你继续用老版Word、Excel、Visio，放心，它们也会运行良好。同理，企业中，大家都在抓局部、抓个人效率，应该关心组织效率的老板又很忙，所以企业的效率越来越低。

那么，一台电脑想要做到良性运转，需要具备怎样的因素呢？可以将之归纳为以下几点：

1. 环境因素

电脑放在怎样的房间中，包括具体的温度情况、空间情况、散热情况、网络情况等环境因素，都会影响到电脑的具体运行速度。而在企业的效率体系中，这种影响其效率高低的环境因素，正是企业的治理结构和企业文化。

企业的治理结构，是将股东、董事会、高级管理员工的权利和义务进行具体分配的结构，同时也是处理和此相关的聘用、选调和监督等问题的制度结构。这种结构意味着权力怎样在企业内部运行和划分，因此，可以看作是企业效率提高的基础环境因素。

2. 硬件因素

电脑的运行速度如何，关键在于其硬件的表现水平，包括CPU大小、内存大小、显卡大小等。而在企业的效率体系中，这种硬件因素正是企业的组织架构。

企业组织架构是企业流程运转、部门设置和职能规划的基本结构依据。而拥有怎样的组织架构，将会直接决定企业工作流程、协作关系以及其他方面的重要因素，这无疑决定了企业组织架构的作用和意义。

3. 软件因素

一台电脑想要正确工作，必须要有操作系统，而同电脑硬件匹配程度越高的系统，才能带来越流畅的运行速度。在企业的效率表现中，工作流程正是这种能够决定企业效率的软件。而关于工作流程如何具体运转的软件，可以看成机器的运算方法，即流程和信息化。

4. 操作者因素

无疑，电脑的运行速度，还和操作者的使用方法有关，因此，掌握企业效率快慢的变化，离不开企业内部的管理者，即从高层到基层的干部，也包括最基层的员工。

总之，企业的治理结构、组织架构、流程及其决策、员工几方面因素，影响了企业效率的快慢，想要提高企业的效率，必须从这几方面因素入手。

为什么要进行效率革命

企业进行效率革命，并非仅仅为了提高短期的利润。在效率领域进行革命，其意义在于采取新的思考方法和观察方法，并在此方法上打破企业停滞不前的现状。对于中小企业来说，效率革命意味着对企业内部诸多关系的理顺、各种流程的重建，是对效率原理的重新解读，以及对现状思维的打破。因此，效率革命会成为企业自我改变的出发点。

——效率革命智慧箴言

到目前为止，在利用效率革命打破企业现状、推进企业经营业绩的不同过程中，人们发现了诸多问题并尝试解决这些问题。解决问题的方案并非脱离现实，恰恰相反，无论是对于企业的治理结构，还是对于企业的组织架构，或者是对于企业中更加微观、更加细节的问题的解决，都能够给人们带来务实、全面的感觉。这是因为效率革命总是将最真实的问题同最有效的理论有效结合起来，同时考虑到企业解决问题的手段有限的现实。

因此，在这样的革命中，企业能够从现有的基础出发，超越现状，共同奋斗于原本期待的远景目标。

因此，即使是那些历史悠久、成绩突出的企业，也总是需要不断地在进取的道路上进行效率革命，从而确保自身内部的动力始终能够有效延续。

1981 年，哈维·琼斯出任英国帝国化学工业公司董事长。当时，帝国化学工业公司是世界排名第五的大型化学工业企业，但是，这样一个老牌企业，其经营成绩却始终在走下坡路。哈维·琼斯认为，想要令企业走出困境，是一个艰巨的任务，为此，他决定在企业中进行效率革命，扭转企业的颓势并取得长足发展。

实际上，哈维·琼斯所进行的效率革命只是果断地将精减企业员工作为提升效率的突破口。

从他上任以后，琼斯首先决定将董事会成员从 14 人调整到 8 人，这样，广泛存在于董事会中文山会海、拖拖拉拉的错误倾向得到遏制。比如，过去的董事会中，每个董事分别负责一个部门、一个中心工作或者海外某个分公司工作，他们每年有两次会到企业的总部汇报工作，而每个人在汇报工作时所携带的工作报告甚至多达几十页，总部的会议不可能对其中的每个问题都加以认真讨论。结果，在这样的管理风格下，企业机构越来越臃肿，而官僚主义则不断滋生。在哈维·琼斯到来之后，他分别指定董事会中的两名成员负责企业不同部门，另外两名则专门负责海外业务，其他三名成员分别负责企业的财政中心和技术研究。这样的组织架构下，董事会每个成员都必须认真对自己的管理工作加以积极考虑和认真发展。除此之外，琼斯还规定，董事会必须要对企业的总体战略做出认真的研究制定，而董事们也由此认识到，必须真正认真地检查企业的经营状况，从而对企业现状有真切的认识，做到对企业未来的高瞻远瞩。

琼斯从董事会的精兵简政方法开始，使得一场效率革命在帝国化学工业公司内开始，并彻底改变了这家企业的命运。

为什么琼斯需要在规模庞大的帝国化学工业公司内部开展效率革命？其现实意义是需要我们重视和借鉴的。

1. 企业的效率革命首先是价值革命

效率问题，从整体上看实际上就是一个价值的问题。这是因为，企业是市场经济的一分子，企业的利益必须要通过市场经济中的竞争来得以实现。因此，企业和企业家本人必须要有正确的效率观念，对企业中现存的效率问题着手进行改进，进行全方面的效率革命，才能提高整个企业的价值。这样，企业在市场乃至整个社会中的地位才能够得到进一步确立，整个企业才可能更加符合宏观方向的发展，并因此获得更多价值，确保自身的生存、发展，达到优秀和卓越。

2. 企业的效率革命是员工个人发展与企业高度统一的保证

难以想象，一个内部管理缺乏足够公平性的企业，能够获得长期的繁荣。正因为如此，效率革命必须要对公平做出保障——实际上，和人们误以为的不同，真正的效率和真正的公平是相辅相成的。

通过效率革命，能够保证企业整体发展和其中每个员工全面发展的高度统一，能够实现企业经济效益和责任追求的完美融合。这样，企业不仅能够获得经济收益，也能够为企业中的每个组成分子提供更多的发展空间，保证他们有更多的时间去进行工作、学习和休息、娱乐，从而为企业的未来发展打下更好的人力资源基础。

3. 企业的效率革命带来了企业的改变动力

没有一家企业能够始终停留在过去的业绩宝座上，若想要获得充沛的生命力，其最基本、最常见的特征就在于企业的自我更新。

企业的自我更新，实际上是企业经营机制的自我更新，反之，企业的经营机制不断在原有基础上发生变化，才能推动企业的自我更新。而效率革命想要取得良好的成果，就必须从企业的内部经营机制和结构的改变入手，从真正意义上改变企业的面貌。因此，成功的效率革命，总是可以通过对企业经营机制的革新，而产生对企业自我更新的推动。正是这样的关系链，决定了那些效率革命实施到位的企业，也往往是最富于生命力的企业。

效能与效率的区别

如果用最简单的方法来说明效率和效能的不同，我们可以采用下面的表述方法：所谓效率，是指正确地做事；而所谓效能，就是做正确的事情。对于一个企业来说，不仅要正确做事，也要做正确的事情，这并不仅仅是企业中员工个人的工作方法，同时也应该是整个企业的正确管理理念和思想。

——效率革命智慧箴言

强调效能，是指做正确的事情，其结果在于确保企业的工作能坚定地朝着企业的战略目标迈进；而强调效率，则是指更好地做事情，结果能够确保企业朝着目标迅速迈进。在这两者之中，效能是倾向于战略的，而效率则倾向于战术；效能强调看到结果，而效率强调的是过程。

在20世纪初，美国曾经出现过上百家生产和销售汽车的企业，但是，目前美国只有两家汽车生产商，分别是福特和通用。其中，福特汽车在1908—1921年，占据了美国国内市场将近六成的销售额，无可争议地成为美国汽车生产的霸主。究其原因，在于福特企业正确地对待了效能和效率二者的关系。

福特企业的真正领先之处，在于其最先确定：低价格的汽车，将会在市场上占据更多的份额，而低价格的产品必须要通过大批量的规模生产实现，同时，还需要满足充分的资金条件。这是因为如果没有融资而来的资金，就不可能生产出足够低价格的产品，并且在这种价格条件下还必须从市场中获得利润。

鉴于此，福特抓住了减少成本的工作重心，他采用了下面的生产运营方式——通过从其他的厂家购买汽车零部件，然后通过在企业内部的生产流水线来组装汽车。对零部件的购买采用信用制度，从而迅速拿到部件并进行组装，并将汽车卖给经销商来获得现金流。利用远远低于市场中同类竞争者的价格，福特很快地建立起自己庞大的合作商网络，并充分利用大规模地批量生产，而获得了良好的高效率。这种高效率使得福特公司很快产生了大量现金流用来组装生产线，并将生产线从组装继续延伸到生产，就这样，企业的整体效率不断提高，而T型车的价格则不断下降。

随着消费者的收入不断增长，市场的销售情况发生了变化，消费者想要的不仅仅是廉价的汽车，而是豪华的车型。但是，福特没有抓住这样的调整方向，导致在效能上出现了错误。结果，虽然福特企业的工作效率依然持续上升，但后来居上的通用公司却抓住了机会，迎合市场需求，在效能上超过了福特公司，成为了美国汽车业的新霸主。

上述案例说明，抓住效能，再提高效率，对于企业的生产是很成功的因素。但是，企业的发展并不是固定不变的，要学会随时抓住效能和效率的因素。效能和效率之间既有联系，也有区别，而两者相比，效能要显得更加重要。

不妨通过下面的对比来全面区分效能和效率。

效能——意味着做正确的事情。提高效能是企业的方向，表现了企业的创造力，是对环境和资源的积极利用。因此，效能表现出宏观的选择，体现为企业想要追求的结果，是企业管理者和员工集体努力获得的功劳。

效率——意味着正确地做事。提高效率，是企业工作的方法，表现了企业自身避免错误的能力，从某种程度上是对现有环境的适应和对现有资源的被动利用。因此，效率的提高表现出企业在微观上的努力，体现为企业在追求中的过程，是企业管理者和员工集体努力中的“苦劳”。

企业可以通过以下工作方向来同时实现对效能和效率的提高。

1. 在工作开始时树立最终的目标

企业内部每个决策、每项工作，都有着其最终的特定好结果，而这种好结果，就是企业对决策和工作的期望目标。企业管理者必须能够确保企业中更多的员工在工作之前，就已经明确地了解自身的效能目标，能够确定他们不会在工作中违背这样的效能目标，而是为之做出切实有意义的贡献。

2. 排列出工作的优先次序

在企业中，几乎许多员工都可能遇见工作中的种种烦琐事情，再加上企业中整体的运营制度、组织结构和工作流程可能有设置不正确的地方，因此，不少人都会感到无法抓住工作的重点，无法知道哪些事情是自己应该做的事情，这样的情况导致他们的工作效率和工作效能都大大下降。

而在了解效能和效率的区别之后，企业应该强调按照工作的重要程度来确定工作的优先次序。所谓重要程度，就是指工作的成果对效能和效率的贡献大小。凡是那些对提高工作效能具有贡献的事情，就应该被更重要地加以对待和处理，然后是那些对提高效率有帮助的工作事情。同样，在企业流程、制度和结构的设置中，也应该秉持这样的原则，来判断企业工作流程、制度结构中要求工作的优先次序和轻重缓急。

3. 对企业的战略要点进行主次区分

企业管理者必须要学会对战略要点的主次加以积极区分，务必清楚什么才是企业中最重要的工作，什么才是应该花费资源去加以重点付出努力的工作。确定好工作主次，能够帮助整个企业的员工队伍建立这样的习惯：对自身的岗位工作有着更加全面的看法，并能够按照更加科学理性的方法，对战略要点的主次进行区分。

明白什么是战略要点的主次之后，企业的战略制定者和基层执行者才能正确判断各自面对的工作，而不致陷入事务性的工作泥淖中，当他们能通过对效能的追求而确定出工作主次之后，他们就能获得最优效率的工作方法，获得最大的工作效能。

你的绩效考核有“绩效”吗

在迅速变化的市场环境中，不少企业针对员工的绩效考核，都表现出不断的变化速度和越来越全面的追求。然而，绩效考核如果仅仅是用某个方面的工作业绩来对员工加以考核，并以此衡量其工作效率，常常是急功近利的，不仅对企业的长远发展有负面作用，同时，还会造成绩效考核本身的绩效缺乏，甚至因此而导致企业效率的降低。

——效率革命智慧箴言

绩效考核只是绩效管理的一小部分，而很多企业往往不关注绩效管理的过程，只关注绩效考核的结果，甚至只关注有一个结果可用于奖金分配。我曾在2013年的一次“绩效考核”的培训公开课上，询问一位前创维HR：“贵公司开展绩效考核的目的是什么？”她的回答是：“第一，用于

奖金分配……”企业管理者应该先明确绩效管理和绩效考核的区别，而并非仅仅关注绩效考核结果的应用、奖金的发放、优劣的评定。目前，国内不少企业的绩效管理还停留在用绩效考核来对员工的工作加以评判的阶段，绩效考核本身成为了一种“检查”和“算账”的手段，即当员工在完成工作之后，再通过绩效考核来对员工的工作业绩进行评价、衡量，而之所以要进行这样的评价衡量，也是为了根据考核结果来对员工进行物质上或者精神上的奖励和惩罚。

整体上而言，这种对绩效考核的看法和运用并不能说是错误的，但问题是，完全将绩效考核当成一种替代日常管理的工具，背离了企业绩效管理的初衷，使得员工无法摆正对考核的态度。

在实际工作中，会发现不少企业往往会陷入下列关于绩效考核的误区：

例如，一些企业在提取员工关键业务指标时，显得相当空泛，这些企业的管理者只是根据理论上的指标模板进行照搬，而并没有根据企业的现实，如战略规划、行业特点、工作流程、发展阶段、竞争格局、组织特点和员工组成进行深入实际的分析，结果导致用来考核的关键业绩指标虽然具有一定的代表性，但并没有具备适合企业本身特征的相对性。可以说，这些企业对绩效考核的目的和导向都十分不清晰。

又如，企业对于绩效考核的工具选择比较随意。对绩效考核的工具本身有多种选择可能，但必须根据企业自身的特点、员工和岗位自身的特点进行衡量之后加以选择。在不同的职位或者工作的要求下，应该选择不同的工具。但是，一些企业的领导并没有根据不同的变化而采取不同的绩效考核方法，这导致绩效考核结果有了过多的不准确、不合理，并影响了绩效考核的业绩。

没有绩效考核，不知道绩效管理的效果，不知道部属的绩效变化的值。绩效考核没有错，错的是考核结果的应用。

绩效考核是企业为了实现生产经营目的，运用特定的标准和指标，采取科学的方法，对承担生产经营过程及结果的各级管理人员完成指定任务的工作实绩和由此带来的诸多效果做出价值判断的过程。

而绩效管理则是员工和经理就绩效问题所进行的双向沟通的一个过程。在这个过程中，经理与员工在沟通的基础上，帮助员工确立绩效发展目标，通过过程的持续沟通，对员工的绩效能力进行辅导，帮助员工不断实现绩效目标。

另外，一些企业对于员工进行绩效考核的过程中，只看到员工自身的业绩高低好坏，而没有关注对整个团队业绩的考核，导致考核过程和结果的不科学。实际上，科学的绩效考核体系，应该能够同时关注到企业、团队和员工三方面的综合考核，并通过应有的方法和工具，正确衡量员工在岗位上发挥的价值、创造的业绩。

当然，这种绩效考核的局限性，还表现在对绩效考核结果的应用过程中。在某些企业中，员工的考核结果并没有充分应用到整个企业的管理体系中，除了用来赏罚外，毫无用处。这样的绩效考核常常流于形式，导致员工对考核缺乏信任；而另一些企业对于绩效考核的结果则运用得太滥，导致员工对绩效考核过分看重，甚至动用人际关系破坏公平性，最终影响整个企业的业绩。

针对上述原因，企业应该寻找提高绩效管理效率的有效途径，而不是一味地做表面功课，只注重绩效考核的形式。这样才能通过提升日常管理，从根本上带动企业的成长。

1. 建立系统、全面和科学的绩效管理制度

绩效管理之所以重要，是因为绩效考核的具体标准具有明确的导向作用，而基于科学、全面和系统原则所建立的管理标准，对于企业整体和员工个人来说都相当重要。因此，企业管理者为了提升绩效管理的效率，应

该落实一套合理、科学的管理制度。“没有规矩，不成方圆”“国有国法，家有家规”等俗语，都是在强调制度的重要性。制度是用来管理人的，人的行为要受到制度的规范，才能保证其行为和态度不出现偏差、危害其他个人或团体。没有制度，企业很难实现有效运营，也无法规范员工和部门的行为。制度包括很多层面的内容，如管理制度、销售制度、薪资制度、财务制度、后勤制度等，都属于这一范畴，企业应根据实际情况具体问题具体分析，建立科学合理的管理制度。

2. 合理的激励是提升绩效管理效率的助推器

激励存在两面性。如果给予不同的员工不同的奖励，或者是由于奖励相同但是两人付出的努力不同，就有可能引发矛盾。所以，在做绩效管理的时候，不能仅仅看数字，还要看考核对象的努力程度、工作态度等一系列因素。在绩效管理的过程中，合理的激励很重要。虽然管理者往往在特殊事件面前难以完全做到公平公正，但要确保激励的合理性，保持团队和谐，这样才不会阻碍绩效管理的进程。

中西方企业效率对比

国内企业中，流传着这样一句俏皮话：“女员工当男员工用，男员工当牲口用。”与此对应的，是企业中从上到下的绝大多数员工都感到工作忙、工作累，整个公司不同的部门经常加班加点。而老总似乎也并不轻松，每天都在不断地应对工作危机、解决工作矛盾，看起来事务缠身……中国的企业，效率究竟如何呢？难道全世界的企业都这样辛苦不已？

有统计数字表明，中国的企业是世界上企业中人均工作时间最长的，每年工作时间约为2200个小时，而其他国家，无论是发达的美国（1610

小时）、日本（1758个小时）、英国（1489个小时），还是欠发达的阿根廷（1903个小时）、巴西（1841个小时），都相对中国企业的工作时间要短。

有这样一个案例可以说明中西方企业之间的工作时间差别：当中国某家企业收购了法国的汤姆逊公司之后，发现法国企业基本上不加班，下班以后，手机关机，找不到人，但上班时工作绝对一丝不苟。结果，中方企业员工感到无法理解，因为他们已经完全习惯了中国这种24小时随时随地都能进入“工作状态”的工作规律。

但问题是，以2006年的数字为例，中国员工平均每人每小时创造的财富是5.75美元，而法国人均每小时创造的财富是35.08美元，美国为35.63美元，最高的挪威是37.99美元，中国企业看起来工作时间很长，但人均创造的价值却并没有西方企业那样高。

其实，中国企业虽然强调工作的投入精神以及对企业的献身精神，但在很多方面，却并没有强调按照既定的流程去工作的精神。效率问题对于员工的个人工作业绩或许影响并不大，但对于整个企业来说却是相当大的问题。

某次，希望集团的董事长刘永行参观韩国的一家面粉企业，这家面粉企业每天的生产量为小麦1500吨，但是，整个企业却只有66名员工，这个数字让刘永行感到相当吃惊。因为在中国，同样规模的企业，每天生产能力只有几百吨不到，但所需要的员工却要达到上百人。即使像希望集团这样国内行业中的领军企业，其旗下每天生产能力250吨的工厂也需要七八十名员工，而每天的生产能力却只有韩国工厂生产能力的1/6，这也就意味着，韩国工厂的工人人均效率基本上达到了中国同行们员工效率的十倍。

刘永行的分析是，流水线操作，主要看重的是环节的衔接，如果其中一个环节效率低下，那么，就会导致接下来每一个环节效率低下，由于一环扣一环，最终，整个工作效率自然就会低下。而效率越低下，就越需要

通过不断增加工作时间来加以弥补。

中西方企业之所以有着效率上的不同，并非完全是推崇西方的管理模式，而是源于中西方企业管理文化上各自的发展渊源以及各自所追求的价值体系。中国的企业文化发源于传统文化中强调人性，价值取向以道德为基准、崇尚群体、强调统一、追求和谐的特点。而西方的企业文化强调物质，价值取向以功利为出发点，强调人性、主张个人利益至上的特点。因此，中西方的企业管理效率在企业文化上表现为以下几个方面。

1. 显性管理文化的差异

显性管理文化，是指中西方企业中不同的管理系统之间的差异，也就是通常所指的因表达方式的意义不同而引起的差异。这些管理方式分别通过管理者各自的个人行为，如语言、神态、表情、手势和举止加以表现，即使表面上相同，但对于不同的管理文化而言，其象征意义则完全不同。因此，这种不同的管理文化和习惯，有可能对于中西方企业有着渗透和改变，而其中的成员工作效率则离不开这样的管理文化的影响。

2. 对于工作和成就感的认识上的差异

在中国企业中普遍存在这样的现象：由于不少企业缺乏足够的激励机制，导致组织机制不健全，而员工的工作业绩、能力和奖励、晋升之间的挂钩并没有完全实现，因此，追求平均分配的平均主义现象并没有得到很好的消除。这样，员工的工作缺乏主动性，缺乏对成就的追求，难以通过员工自身的工作态度和习惯就能产生高水平和高效率的工作业绩。

而在西方企业中，由于建立了完善的、不断更新的管理机制，能够确保员工在自身的不断努力工作的时间过程中，获得从物质到精神的全面满足和乐趣。因此，西方企业中的员工普遍都相信工作时拼命工作、享受时拼命享受的价值观，而那些在工作中努力充分的员工，也能够得到应有的提升。因此，这样的管理机制和企业文化，能够确保员工最大限度地发挥自身的工作潜力，并帮助企业留下足够优秀的人才。

3. 企业内上下级关系的差异

在中国企业中，普遍强调工作的群体协作性，因此，企业管理者常常希望将企业的内部关系变成家族化的和谐人际关系，按照群体中不同人的“长幼次序”来进行关注和激发，这就决定了企业中的每个员工都应该按照自己在群体内所扮演的具体角色和身份来做事，从而不会“过分”。虽然这种文化特征能够一定程度地减少企业内部的矛盾和冲突，但是，这种文化特征也容易产生一些负面影响，尤其可能影响到企业中员工的工作效率。而西方的企业文化中，工作场所中人和人更多的是合作关系，考虑的是利益而并非其他因素，因此，工作效率反而能够得到有效推动。

通过对中西方企业的效率对比，中国企业管理者既无须自卑，也不应自傲，应吸收中西方企业文化根源、管理体系中不同的特点，促进企业效率的不断提高。

某公司效率提升计划书

一家企业想要有效地提升工作效率，制订效率提升计划书必不可少。效率提升计划书能够帮助企业管理者明确管理的重点，积极发现效率提升的重要性，寻找效率提升的途径，从而做到工作中有的放矢、减少遗漏。而在开展工作之后，管理者也可以根据提升计划书去对自己的管理工作做出检查，并对员工的工作进行考核和评估。

下面是一家制造型企业的效率提升计划书——

为了有效提高本企业的工作效率，从管理角度出发，提出下列提高生

产效率的计划。

1. 从公司管理层面重视工作效率

专门成立相应领导小组，组织开展提高员工工作效率的专项活动，积极树立工作典型，并设立奖项，在每个工作季度中对优秀的班组、员工进行评选，对评选出的班组和员工分别给予物质奖励。

2. 加强对基层员工管理者的培训

基层的班组长，是对员工进行管理的重要和基础环节，而班组长个人的管理能力、管理方式则是对员工进行有效管理的重要因素。企业中的大量决策，包括对生产效率的提高、对员工个人能力和素质的培养、对员工积极性和创造性的激发、对工作作业流程的改善等，都需要由班组长个人来切实地落实和跟进。因此，企业决定对班组长进行培训，从而提高他们的工作水平。

具体培训要点包括：

(1) 企业的政策方针，企业文化的背景、内容和理解方法，企业文化和工作之间的实施渠道认识。

(2) 员工管理制度、员工的高效生产方式、员工积极性的调动方法。

(3) 基层工作生产线的平衡管理方法、对生产瓶颈的管理。

(4) 基层班组工作中组织能力、沟通能力和执行能力等要素的培养。

3. 企业采购部、市场部和技术部工作的效率提高

虽然本企业为生产制造型企业，但巧妇难为无米之炊，如果物料供应、技术资料无法在准确时间内就位，或者不能保证质量，那么，一切生产计划和管理方案都有可能被打乱甚至形同虚设。因此，对企业采购部、市场部和技术部工作效率的提高也应该被提上工作日程。

具体提高方法为：

(1) 市场部需要提前将市场调查信息及时反馈给设计部，并将形成的产品生产计划发布给其他部门，包括技术部门、采购部门、行政部门。每

个部门围绕产品生产计划各自做好相应工作，并在遇到工作问题时及时和行政部门进行沟通，由行政部门进行统筹和协调。力求做到对全盘工作加以重视，提高团结协作的团队意识。

(2) 技术资料的准确性。技术部的工作人员应该按照实际的生产能力，开发和制定同企业实际能力和市场需求相对应的生产工艺，并结合流水线生产中有可能出现的问题，及时有效地对生产过程加以提前控制和辅导，争取将生产流水线上出现的技术问题在技术部内部工作中加以预判和解决。

(3) 维修工作的参与性。应该充分发挥维修组人员的作用，在开动机器前就应该提前参与，随时做好对机器进行维修检查的准备，并依据技术部门的工艺要求，提前做好配件和机器的调试准备工作。

(4) 工价系统的公正公开性。由班组领导负责编写工序表，并交由技术部的工艺员，据此测定出每个岗位的标准工时，从而确保做到没有随意修改和降低工价的可能性。同时，在制定工价时，要本着“先低后高”的原则，这样才能激发员工的工作积极性。而在对工价进行修正之前，最好应该由技术部门先征求车间管理层意见，并对员工解释清楚，确保他们能够理解修改的出发点，防止他们内心的不平衡。

(5) 对企业内部系统数据加以整合。通过对系统数据的运用，分析不同工序、不同流水线环节的具体产能，从而为编制生产计划提供详尽确实的数据，提高计划的精确性，并保证生产计划运行的科学化、数据化。

4. 对标准化作业的完善

由于是生产制造型企业，因此，基层员工的流失比起其他行业更为严重。为了应对这一特点，应该通过对标准化作业的完善，确保补充的员工能够尽快熟悉其岗位工作，并减少企业因为员工更替而引起的损失，降低培训成本。

具体方法为：

（1）基础流水线的工作作业必须做到标准化、书面制度化。其中，标准化应该包括和该工作作业岗位相关的工作信息，包括：作业步骤、时间、节奏、完成标准、操作顺序、注意事项和品质要求。

（2）标准化的工作要求应该清晰，工作信息要容易接收，工序要适当细化，从而确保任何新员工都能通过标准化的作业指导书来明确工作要素、工作要求和工作标准，并且能够进行相应操作。

5. 对员工人才队伍的巩固

员工人才的流失，无论如何都会给企业的生产带来或大或小的影响和损失，而解决这一办法的首要手段，在于降低员工的流失率并提高生产的稳定性。

具体方法如下：

（1）关心全体员工。企业管理层必须引导和激励员工积极参与企业的生产变革，关心企业的日常运营，拓宽员工的个人工作观察范围，丰富他们的工作内容和工作空间。做到不仅仅是在个人的工作岗位上进行单一、重复的劳动，还以参与企业的整体变革和改善为乐趣，从而丰富他们的工作责任感、成就感和参与感，并提高员工的工作热情。

（2）对员工的上升渠道加以拓宽。企业应该能够帮助员工积极改善和参与企业的整体工作，并提供相应的平台。例如，让员工在改善的过程中，获得和自身工作相关的学习、培训、技能锻炼，从而通过对企业事务的共同参与，给予员工集体提高、认可和发展的机会。

（3）企业中每季度或者每半年举行一次员工座谈会，分别选择不同的员工参加，通过谈话，企业的高层管理者及其他有关部门经理分别听取来自基层员工的不同意见，结合这些意见，改善管理方法、满足员工的需求。

（4）加强企业的团队精神培养。员工对于团队和部门归属感的强项，将会影响员工的流失倾向和速度。利用团队的绩效管理办法，例如，通过团队改善提案数量的评比、达成生产线工作环节的目标、工艺改进的奖励等，来分享企业内部不同团队的目标和组织愿景，从而加快全体员工之间的沟通，并积极努力达成工作目标。这样，员工的团队意识就能得到良好培养，员工的归属感和凝聚力就能得以增强。

第二章　开天辟地创世界：公司治理

什么是真正的公司治理

近年来，“公司治理”这个名词在企业管理的理论和实际中被提及的次数越来越多。而理论界对于公司治理的定义有着各种不同的表述。例如，有人认为，公司治理主要是一种组织结构，即公司所有者、董事会和高级经理人员三者之间形成的运行结构；也有观点认为，公司治理是通过正式或者非正式、内部或者外部的制度来协调公司和一切利益相关者之间的利益关系。另外，还有论述认为，公司治理就是投资者确保自身投资收益的方式。对这些观点加以归纳总结，厘清公司治理定义的脉络，是当今的企业管理人首要的工作要求。

——效率革命智慧箴言

想要知道公司治理究竟有怎样的含义，企业管理者需要暂时抛开理论，面对实际问题：为什么需要治理公司？公司是谁的？理解了这样的问题，我们才能真正明白什么是公司治理。显然，从法律和实际而言，公司都是企业老板即股东的，他们治理公司的原因，也在于通过对公司的具体治理，约束好实际管理公司的职业经理人或管理者。因此，从本质上来加以概括，治理公司就是企业股东们对经理加以约束、管理、引导和控制的“招数”。

作为股东而言，其利益与对公司的控制效果紧密相连，为了能够充分激励和约束那些为企业服务的职业经理，他们必须想出不同的控制办法来加以运用。而这些机制的总称即为“公司治理”(Corporate Governance)。

美国著名经济学家威廉姆森曾经用其学术性语言在理论上对公司治理

进行了权威的定义——公司治理，就是限制针对事后分配过程中所产生的准租金分配，而加以种种不同约束方式的总和。

这些约束包括：企业所有权的配置、企业的资本结构、企业对管理者如何激励的机制、公司运行接管机制、董事会管理制度、机构投资者处理压力的方式、产品市场的竞争方式、劳动力市场的竞争方式、组织结构。

概括地说，公司治理无法离开企业所有人的实际利益，而公司治理也就是解决企业所有人怎样去影响、控制和驱动职业经理人，对公司加以约束，从而确保公司的运行能够为自己的利益服务。

正因为如此，公司治理在全世界任何现代企业中都不可或缺，而这一治理行为也在其发展过程中形成了三种不同的模式。

1. 英美模式（一元制法人治理结构）

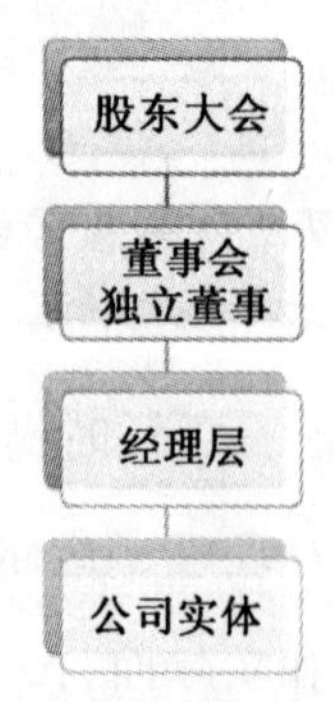

图2－1 英美模式（一元制法人治理结构）

英美法系，又称普通法法系，是指以英国普通法为基础发展起来的法律的总称。它首先产生于英国，之后扩大到曾经是英国殖民地、附属国的许多国家和地区，包括美国、加拿大、印度、巴基斯坦、孟加拉、马来西亚、新加坡以及非洲的个别国家和地区。主要特点是注重法典的延续性，以判例法为主要形式。

英美公司的治理模式主要是通过公司内部的基本章程来加以确定，即对企业不同机构的权力进行限定，并规范这些机构之间的关系。例如，股东大会将决策权委托给一部分大股东组成董事会，而由后者承诺公司的健康经营，因此，董事会就是股东大会的常设机构。为了更好地治理公司，董事会内部均设立不同委员会，从而协助董事更好地进行决策。同时，董事会会将其部分经营权力交给代理人即首席执行官加以执行。一般

来说，董事长即兼任首席执行官，而在首席执行官之下，又分别设立首席运营官、首席财务官等。

另外，英美治理模式中没有监事会，而是通过外部的专门审计事务所来对企业的年度财务状况进行审计报告。

2. 大陆模式（二元制法人治理结构）

大陆法系指欧洲大陆，又称欧陆法系，这个法系现时主要由法国、意大利、德国、荷兰及其影响的国家（如日本）所采用。主要历史渊源是古罗马帝国的法律到了18世纪，欧洲大陆的许多国家都颁布了法典，尝试列出各种法律分支的规范。因此，欧陆法系又称为成文法。

在大陆模式的公司治理过程中，通常由银行主导控制。其特点是：一是银行是公司治理的核心角色，而银行通过股东的角色来行使治理公司的权力。二是法人相互持股。

在这种模式下，德、日公司强调进行严密的股东监控机制，为了能够

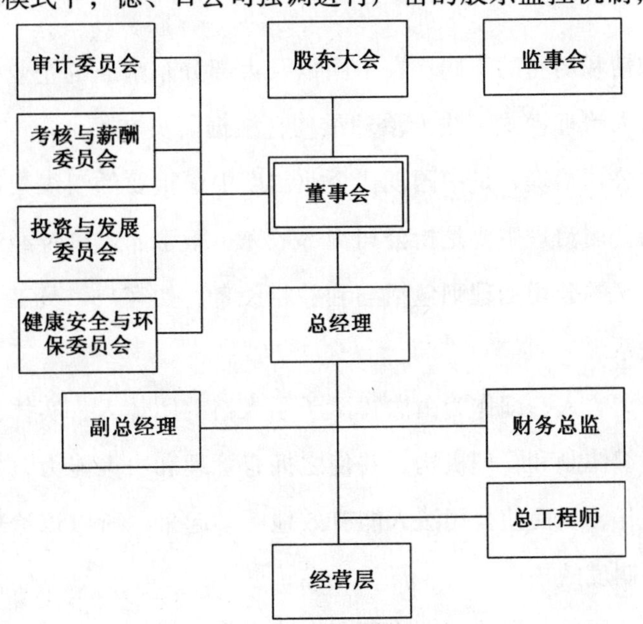

图2-2　大陆法系（二元制法人治理结构）

确保公司获利，公司股东通过可以足够信赖的中介组织，或有行使股东权力的角色（银行）来对公司进行控制和监督。这样，股东们对经理的监督控制更加合理和直接。

3. 中国模式（三元制法人治理结构）

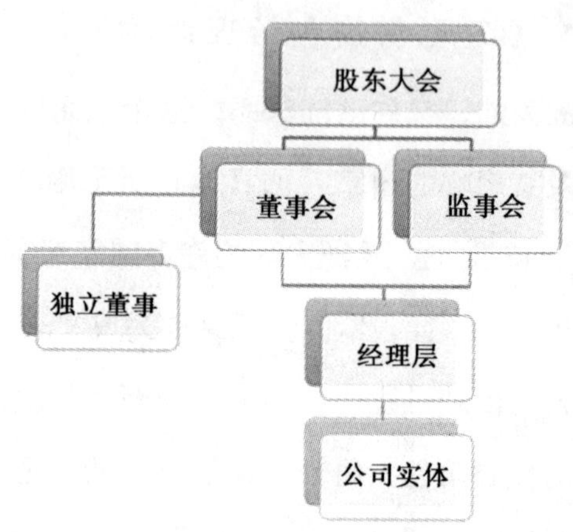

图2-3　中国模式（三元制法人治理结构）

由于国情和历史的不同，在中国以及大部分东南亚的企业中，更多采用双保险法人治理模式。法人治理结构，根据其英文Corporate Governance又可翻译为公司治理，是中国现代企业制度中最重要的组织架构和治理模式。狭义的公司治理主要是指公司内部股东、董事、监事及经理层之间的关系。而广义的公司治理则包括与利益相关者，如客户、员工及社会公众等之间的关系。

公司作为法人，即作为由法律赋予了人格的团体人、实体人，需要具备相应的组织体制和管理机构，并使之拥有管理和决策能力，并承担相应的义务与责任，从而使公司法人能有效地活动起来。所以该治理模式很重要，是公司制度的核心。

目前，我国的公司治理模式还存在诸多弊端。例如，一元和二元治理模式强调权力分离，监督政策科学严谨。而中国的三元模式并不能有效治

理公司内外出现的问题，其中最主要的原因正是因为监事会形同虚设，独立董事不能发挥作用。因此，我们需要汲取其他模式的经验和优点。

当然，无论何种治理模式，公司治理要求首先在董事会和管理层之间能够形成治理的楷模，从而为其他企业的参与者提供参照的范本，并且能够据此对公司治理进行有效评估。

高绩效企业的特征

不少企业的管理者都认为，自己的企业是“高绩效企业”。但根据权威部门的调查显示，在中国市场上，只有将近5%的企业可以达到“高绩效企业”的标准。想要令自己的企业也成为“高绩效企业”，企业管理者首先应该明确什么才是高绩效企业的本质、什么才是高绩效企业的特征。而在实际的管理工作中，围绕高绩效企业的特征来打造企业文化，是企业管理者寻找工作重心的关键所在。

——效率革命智慧箴言

如今，市场上绝大多数企业所面临的主要压力，在于怎样于竞争日趋激烈的市场环境中，建立、维持并发展自身的事业并保持其稳定性。

在过去，应对这样的压力挑战，方法通常是单纯地提高企业的生产效率，并因此形成两种相反的倾向：越来越多的企业选择多元化营销方法来实现企业利润的增长，将投资不同的事业形成利润组合，但常常引发企业面临更多的问题。有鉴于此，也有人主张企业应该选择好自身擅长的领域，并因此获得较强的核心竞争力。

显然，目前若企业单纯地采用上述方法，很难真正达到提升竞争力的效果，只有提高企业的绩效，才能促使企业对不断变化的外界环境做出迅速反应，创造良好的未来前景。

其实，企业如同一辆行走在高速竞争路途上的汽车，而管理者则是掌控汽车前进方向的司机。对于一名司机来说，是否足够优秀，就在于他们是否能够在真正正确的时间作出正确的事情，形成企业正确的特点。

一家优秀的企业总裁曾这样说过："对于打造企业的高绩效特征来说，什么是正确的事情？并非只要作出管理就是正确的，而是在什么时间点、什么方面选择作出什么事情，否则，错过机会，就没有办法补救，只能感到遗憾!"

事实也的确如此，在打造高绩效企业的道路上，企业管理者应该学会把握重点，通过对高绩效特征的满足来获得成功。在这方面，联想集团是国内企业中的佼佼者。这家企业通过建立良好的工作流程，迅速把握住企业的高绩效特征，实现了业绩的不断提升。

例如，从2004年4月开始，联想集团通过以下步骤实现了销售流程和绩效考核流程的改革：

第一阶段：通过企业内人力资源部、企划部以及其他业务部门负责人等不同方面的人员组成项目小组，并设计出符合行业整体特点且兼顾企业自身实情的考核方案。最终形成的方案简明扼要，能够让企业不同员工都感到容易理解和记忆，并能够充分体现企业的不同重点项目战略。

第二阶段：通过在企业内部推行方案试点后，开始加以推广，并在具体的工作中对其中的具体考核指标、考核过程加以修正，从而确保考核能够有效激发员工的工作热情，保证企业整体的公正。

第三阶段：通过对方案进行内容框架、具体流程方面的修改和固化，最终将之纳入和内化到企业的日常运营流程中。

这样，企业整体的业绩效率获得了很大提升，而新的考核流程也取得良好效果，员工的整体素质得到提高。

实际上，企业的高绩效特征不仅表现在具体工作流程的打造方面，还包括以下几个部分：

1. 治理结构清晰完整

任何企业都需要有清晰、完整和平衡的治理结构。从传统上来看，企业的治理结构是对企业股东、董事会、企业高管人员相互之间权利、义务之间的联系、规范和分配，并就此形成有关的制度框架。总体上看，治理结构就是如何对企业内部进行权力划分，并解决企业上层不同利益方之间的分配问题。

因此，高绩效企业的治理结构是否能够高效运转、具有充分的竞争力，最关键在于能否做到决策权、监督权和人事权三者之间的有效分离与和谐并存。例如：公司的章程问题、大股东问题、分权问题、在引入风投情况下的控制权问题等，都是治理结构打造中必须考虑的重要情况。

2. 流程目标明确、经常优化

企业只有通过对工作流程的管理，才能实现高效目标。不少企业过于关注企业内部的部门分工，须知：关注工作流程，才能及时掌握发展核心。这是因为一家企业的竞争力，很大程度上建立在其核心工作流程的能力高低上。

如果一家企业能够形成目标明确、及时优化的工作流程，那么，这家企业就有可能实现高绩效地运行。

另外，流程目标要紧跟企业发展战略，流程优化不能指望年度优化活动或专业流程管理部门。每个人都有优化流程的意识，不能擅自优化，须经过流程管理者及优化流程，这才是流程管理的至高境界。

3. 组织架构清晰简洁

企业的组织运行，离不开组织结构所发挥的作用，在迅速变化的环境中，组织结构应该加以及时地更改。企业应该配合环境的变化和策略的需要，及时调整其自身的组织结构以及相关的组织政策、组织文化，从而获得企业的高绩效特征。

具体来说，组织架构一定要清晰简洁，紧跟企业当时的战略，而不应好高骛远。这样，企业在调整组织结构时才能减少困难和麻烦，组织结构还应该将企业的业务因素放在考虑因素的序列前面，而将管控因素适当推后。另外，整体的组织架构中，职能的设定要做到有所创新，岗位要因事而设，而不能因人而设。做到上述方面，企业的高绩效才能实现。

4. 信息化

高绩效的企业，无一例外都是实现了信息化的企业。企业的生产过程、资源移动、工作处理、现金流动和客户互动等不同业务方面，都应该通过不同的信息系统来加工整理，实现更新的信息资源，从而帮助企业管理者对不同的生产要素加以优化组合，帮助企业获得更好的资源配置，实现高绩效发展。

5. 激励机制和人际关系维护

高绩效企业离不开高绩效的人力资源管理，因此，企业管理者要在团队文化打造过程中全身心的付出。

具体来说，管理者应建立充分凝聚人力的内部激励机制，将企业的干部和员工变成企业的合作伙伴，变成企业的主人。同时，管理者还要学会引导企业内的干部、员工，将这种工作氛围变成实际的执行行为，并通过对干部和员工在职业道德、职场情商等方面的有效培养，避免他们之间的派系和政治斗争行为，降低企业人事问题造成的内耗，提高人员之间协作的默契程度，并由此获得高绩效的人力资源队伍。

通过对上述五方面特征的把握和打造，管理者将能够明确自身工作的重心，将工作目标融入到日常的工作过程中，这样，整个企业才能够不断地自我提升，并由此实现高效运营。

公司治理为何影响组织效率

> 自从“公司治理”的概念提出之后，既涉及公司结构的问题，也关系公司的机制和实务。因此，公司治理不仅是现代企业发展过程中所必需的重要制度框架，也是企业竞争力增强、绩效提高的组织架构保证。正是在公司治理的理念影响下，公司制企业才得以顺利地继续发展，并通过公司治理的相互借鉴，逐渐出现了目前国际形势下发展的公司治理趋同倾向。由此可见，公司治理对于企业的影响不可小视。
>
> ——效率革命智慧箴言

公司治理决定公司的关键思维，是公司的大脑，决定着公司的顶级决策，所以对企业而言尤为重要。

有观点认为：公司治理，只是公司不同的权力主体怎样对公司的管制权限加以划分、怎样理顺相互之间的关系，而并不是公司本身的企业管理。谈到企业管理，持有这种观点的人往往觉得就是企业中实际管理层（即企业的高级管理层和企业的中低级管理层）对公司实际经营运作活动的具体管理。然而，这种观点在笔者看来并不全面和正确。这是因为，公司治理和企业管理密不可分，同时，公司治理效果会深刻地影响到企业的组织效率。

之所以说公司治理和组织效率难以分开，是由公司治理本身的概念所决定的。通常我们所说的企业管理，往往是相对狭窄的，而广义上的企业管理，是指企业整体面对的所有关联者对企业做出的管理行为，其中，既包括公司治理的行为，也包括公司经营活动的管理行为。因此，公司治理和企业经营二者并不矛盾，而是紧密联系的，公司治理是企业管理的一部分，也是狭义企业管理的关联行为。

进一步研究发现，公司治理的本质是对企业内部三种权力，即决策、管理和监督权力的相互协调和平衡，保证企业有效的监督管理下高速发展，从而保证企业中股东的利益。而狭义的企业管理，其本质是对企业的实际经营活动进行有效组织、引导和协调，从而保证企业经营活动的有效开展。这两者之间的有效联系，正是公司治理推动组织效率提升的关键所在。

在相关科研人员的研究论文中，我们看到了这样的有利佐证：

经过随机选择，科研人员们按照中国证监会的行业划分标准，从2005—2010年中国交通运输行业、高科技技术行业和综合服务行业的上市公司中挑选出样本加以合并，其中，交通运输类公司41家、信息技术行业38家、综合服务类29家。

根据计量结果的分析显示，2005—2010年，上述企业的治理水平从整体上和部分上都呈现出增长趋势。例如，股东权力指数，从2005年的56.7%，上升到2010年的61.8%；利益相关者指数，从2005年的54.6%，上升到2010年的57.2%；董事会治理指数，从2005年的53.9%，上升到2010年的56.8%，等等。这些数据表明：在市场的现实需要之前，公司治理已经越来越受到企业所有者、管理者的重视，而公司治理的政策、结构也在不断完善中。

根据上述成果，科研人员进一步作出分析发现，公司治理指数的提高，对于企业效率的提高有着显著的相关性。而且不论是国有企业或是民营企业，公司治理水平的提高都能够表现为对组织长期稳定发展的推进、对组织效率的提高。

例如，平等对待股东、利益相关者，提高董事会的职责，公司治理水平的提高等，对企业效率的提高有着显著积极的作用，而股东权力、信息

的披露和透明度、监事会职责明确等措施，对组织效率的提高也有着正面促进作用（上述案例引自《公司治理对企业效率的影响——基于上市公司行业数据的经验分析》，姚伟峰）。

总体来说，公司治理水平的提高能够很好地促进企业组织效率的提高。当公司的治理结构得以完善时，有利于企业的决策水平的提高，降低企业面临的组织效率下降的风险，遏制组织内部产生的负面行为，提高广义上企业的管理质量。

××燃气控股有限公司是国内最大的跨区域能源服务企业之一，自成立以来，专注于从事投资、建设、经营、管理城市燃气管道基础设施和液化石油气的仓储、运输、销售业务，向居民、商业、公建和工业用户输送各种燃气，建设及经营车船燃气加气站，开发与应用石油、天然气及其他新能源等相关技术产品。

××燃气经过十年的快速发展，已在全国大多数省、市、自治区进行了广泛的项目布局，在国内有200多家公司。

该公司的股东结构见下表。

该公司的股东结构

股东排序	持股人	股数	任职
1	国企某机构	16%	董事局主席
2	自然人黄某	14%	董事总经理
3	亚洲某国燃气公司	8%	董事、监事
4	某开发银行	6%	监事
5	某外国燃气公司	4%	董事
6	散户	52%	

该公司股权斗争的起因是：

因收购某燃气集团49%的股份、收购某液化气集团，董事局主席与董事总经理意见不一，董事总经理坚持己见，收购成功，某液化气集团成为公司亏损大户。

董事局主席施加压力，逼董事总经理下野、宣布辞去总经理一职。

董事总经理为公司创始人，不甘心，找到国务院某机构领导，通过运作，强势回归，国务院某机构变现部分股份，董事总经理吸纳股份，加上手头的巨额股票期权，有取代第一股东的意图。

到了2008年年底，矛盾激化。

董事总经理黄某在主持集团例会时被公安人员带走调查，涉及企业成立初期的经济问题。

随后，董事局主席向公司高管会议通报：向公安机关举报黄某的是公司早年的一位前高管王某，与他本人（指董事局主席）无关。王某原本打算向香港廉政公署举报黄某，但在他（指董事局主席）的劝阻下，改为向内地司法机关举报；董事局主席详细陈述和列举了黄某的“犯罪过程”和“犯罪证据”；声称此案受到各级政府及司法部门的高度重视；宣布由他的铁杆手下徐某接任总经理职位。

不过，在12月25日的董事会上，董事局主席的这一自作主张的“任命”被董事会其他成员否定。在此次会议上，董事局主席表示对“黄某案件”不知情。

董事会发现：国务院某机构在案件发生前，连续三次大幅减持。

经过几轮谈判，结果是：董事局主席与黄某太太谈判提出：必须交出黄某的股权，并让黄某以大股东的身份开除公司董事会里不服从董事局主席的董事。否则，他们就会把黄某置于死地。

董事局主席准备以100亿元将公司卖给竞争对手。

后来，公司的一位董事向董事局致函，指责董事局主席违反上市公司董事操守，并列举了七个方面的事实：

(1) 未经董事局授权，擅自对公司进行重大人事调整。

（2）黄某被抓事件发生后企图阻挠召开公司临时董事会处理危机。

（3）拒不执行董事局会议的决议。

（4）威胁持不同意见的董事及公司高管。

（5）明知黄某被抓事件的起因却知情不报。

（6）在黄某被抓事件发生之前，数次减持所持有的股份涉嫌内幕交易，严重影响了市场对公司的信心。

（7）在未与其他大股东协商的情况下，私自运作引进战略股东。

最后，在3月初的董事会上，董事局主席被罢免；3月底，董事局的会议决定，强行终止原董事局主席的董事服务合约。

超期羁押一年后，黄某被无罪释放，高调回归董事总经理。

该事件带来的负面影响可想而知：一年中，公司股票价格从4.5元港币跌至1.5元港币，市值蒸发2/3；公司的并购扩张基本以每年30家企业的速度骤然刹车，一年内毫无进展；管理骨干看不到希望，很多人放弃手里的股票期权，选择离职；下属公司管理混乱，业绩下滑，有人浑水摸鱼、趁机贪污。

由此可见，组织效率的提升，离不开公司治理的意义。同时，对于公司治理是如何影响到组织效率提升的，我们也应该有基本的认识和了解。

1. 公司治理营造环境

公司治理，解决的是企业所有者如何去控制、协调经营者的问题，同时也改变了企业决策者和执行者之间的关系。当公司治理的提高并有效运行时，公司内部经营管理就能获得良好的运营环境，而在这样的环境下，企业内部管理才能够真正到位，全力以赴地对日常的组织问题进行处理，从而提高组织效率。

2. 公司治理明确组织目标

公司治理是为企业持有者所考虑的，因此，这样的治理必然要对企业的经营目标和重大战略加以明确，从而指出了组织内部管理的发展方向和发展重点。有了这样的方向和重点，组织内部的管理提高才能具备应有的针对性，减少组织建设、组织管理中的盲目性。

3. 公司治理完成了重大管理事项

公司治理决定公司的性质：是否上市？是否国有？是否受国资委的管理？

决定职业经理人和投资人的关系：是否是投资人兼任职业经理人？职业经理人的激励机制如何？

决定大股东和小股东的利益分配等。

另外，公司治理的直接对象是整个公司最重要的事项，包括董事会替股东们所作出的具体决策，如一年的公司经营计划、重大业务或者投资、高层管理者的选择聘用、薪酬的决定等。当公司治理完成了这些重要的管理事项之后，高层管理者才执行决策，并由监事会加以监督。因此，只有当公司治理首先解决了公司基本而重要的问题之后，组织效率的有效提高才能有其发展基础和起步平台。

影响职业经理人的四大机制

公司治理的核心，是对职业经理人的影响。这是因为作为企业所有者的董事会，既然将部分经营管理权力交给职业经理人，那么在对其加以信任、鼓励的同时，也需要良好的制度和环境对其进行具体的影响。只有通过这样的影响，才能确保职业经理人的工作始终围绕公司拥有者的利益而进行。而职业经理人对公司治理的理解，也应当从其如何影响自身的工作态度、工作效率和工作目标开始。

——效率革命智慧箴言

在探索公司治理对职业经理人如何产生影响之前，应该首先对职业经理人的概念有所认识。所谓职业经理人，就是将经营管理企业作为自身职业，并通过管理企业来实现自身价值的专门管理者。

职业经理人的内涵体现在两个方面：首先，职业经理人是职业化的，应该有专门的职业素养、技能和行为规范，而他们也是以对企业的专职经营管理作为谋生手段，因此必须具备良好的专业素质、专业操守，在理论功底和实践经验上都有所积累和建树。其次，职业经理人是一个岗位，而不是一个“官位”，之所以职业，表现为经理人将会按照市场需要，以被制度和环境约束的方式，安排到企业具体的经营管理岗位上工作。

由于职业经理人本身所拥有的特点，他们受到公司治理的约束和引导也就顺理成章了。但是，正因为一些企业缺少足够的公司治理保障，对职业经理人的管理和影响也就成了空话。

W公司是一家生产家庭毛纺用品的中型企业，它和同行业中不少私营企业一样，采取了典型的家族私营管理模式。公司董事长、总经理郎总是一家之主，他的太太并没有在公司正式担任职位，但显然其对公司的影响有时候比郎总还要高。郎总的姐姐负责企业的财务工作，而营销经理职位则由郎总的妻舅担任。

对于企业的管理，郎总常常有这样的无力感：他发现公司不同部门的各层级经理人流失速度太快，每年的流失率大概在25%以上，尤其是其中一些工作岗位重要、工作能力出色的经理人，即使年薪三四十万元，也很难将他们留下来。于是，郎总的公司经常从不同渠道招聘职业经理人。

对此，郎总认为，造成员工流失的原因大概是自己缺乏一位专门的人力资源经理，于是，他不惜重金，从一家知名外企公司挖来了经验丰富的人力资源经理，并委托他在全国市场中招聘不同的管理员工。而这位人力资源经理也的确相当出色，他一口气就为公司引进了十多位部门经理和主管。郎总对此很高兴，他认为企业就此应该会稳定下来并迅速发展，没想到，一年不到，这些经理们不是跳槽，就是无心工作，而最先跳槽的就是那位负责招聘的人力资源经理。

另外，有两位外派到湖南和上海的经理，则利用郎总对他们的信任并授权的机会，勾结经销商，私吞公司的赢利，结果被郎总发现而报警处理。进一步审计发现，整个公司中不少经理人都有着或多或少的违章收入甚至非法牟利行为。于是，郎总决定在家族的影响下收紧管理权限，他规定：经理人最高只能签报3000元的费用，想不到，这个举动更加打击了经理人的积极性。

郎总究竟为什么会陷入这种前后不能的状态？一言以蔽之，由于缺乏有效的公司治理，他纵然使出再强的个人能力，也无法管理和约束好职业经理人。

在不少民营企业尤其是中小型企业中，企业所有者往往会花费很大力气去寻找那些优秀的职业经理人，但是，企业主没有认识到，人力资本也是资本，如果没有特定优秀的组织环境来同资本进行完美的结合，那么，人力资本的产出能量必然会大打折扣。更何况，越是优秀的人力资本，越需要优秀的组织环境，而优秀的组织环境，必然也只能来自良好的公司治理。

因此，当企业引进职业经理人之后，只是完成了人力资源管理融合的第一步，想要职业经理人发挥其应有作用，必须做到对公司行之有效的治理，让企业的内部机制与之配套。具体而言，公司治理能够为企业职业经理人提供下列四种影响机制。

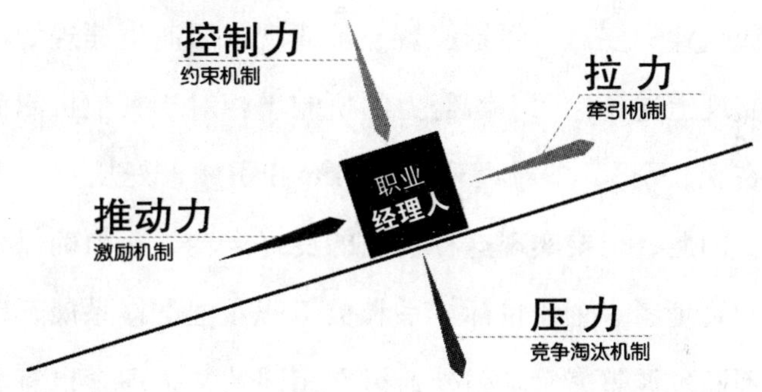

图 2－4　公司治理为职业经理人提供的四种影响机制

1. 约束机制

这种机制体现的是对经理人的具体控制力。因此，在公司治理中，应该秉持“风险—承担”的原则，即制造风险的经理人承担风险。这样，经理人将会面对企业经营风险的转嫁，从而会得到应有的控制，既可以避免职业经理人中饱私囊，更可以避免职业经理人把投资人的产业做成自己的企业。

2. 激励机制

这种机制体现的是对经理人的推动力量。例如，通过公司治理形成的某种规则，让经理人发现对该规则的遵守将带来更大的利益。这样，企业中的治理框架所形成的章程制度，将会对经理人的积极工作产生拉动力量，进而引导经理人朝向对企业拥有者有利的方向努力。

职业经理人的特征就是：把自己服务的企业当成自己的事业。可是，如何引导他们这么做？这么做他们能得到什么？

因此，激励要解决的问题便是工资、提成、奖金。激励的方式有很多种，最实用的则是股权激励。这相当于是在用未来的钱激励，用别人的钱激励，用他自己以后创造的钱激励。

3．牵引机制

这种机制和激励机制类似，但表现出的力量主要在于拉动。即利用公司治理而形成企业的使命、愿景、核心价值观、职业生涯规划等，引导企业经理为了实现上述目标而不懈努力的机制。相对于其他机制而言，这种机制的重点在于“引”，即对经理人的引导和引领，是从对经理人的吸引基础出发的。因此，想要实现这种机制的良好运转，必须确保公司治理围绕企业的经营管理者、企业目标体系和员工职业生涯体系展开，并能够在动态中获得不断地调整完善。另外，树立相同的文化理念也有利于拉动职业经理人的价值观向企业靠拢，从而留住经理人的心。有人说，文化是看不见的、无形的，但在企业工作久了就能感受得到。

4．竞争淘汰机制

如果企业内部缺乏竞争淘汰机制，企业则很容易会被市场所淘汰。因此，公司治理对于职业经理人而言，还应该充分发挥竞争淘汰的机制，对职业经理人施加应有的压力，确保能够给他们的工作带来积极作用。例如，建立职业经理人的进入和退出机制、建立职业经理人的奖惩机制、建立职业经理人的上下机制，还可以通过公司治理，形成合理的公司治理结构，确保在这样的结构中，职业经理人之间能够形成良好的竞争关系，并获得公平的考核和评比。

理想的公司治理结构是什么样的

> 公司治理必不可少，而治理的结构也必须能够得到规范和确立。所谓公司治理结构，是通过结构的建立，联系并规范企业的所有者、董事会、高级管理人员等集体之间的权利和义务分配的制度框架。在这样的框架内，还包括和上述集体有关的聘任、选用和监督等问题的制度框架。因此，治理结构就是如何在公司内部确保所有者利益、划分权力的结构。
>
> ——效率革命智慧箴言

一个良好的公司治理结构，能够有效解决公司内部各方面利益分配的问题，对于公司是否能够进行高速运转、是否具有足够的竞争力将起到决定性作用。通常来说，我国企业的公司治理结构采用“三权分立”制度，即决策权、经营管理权和监督权并用，同时相互影响的制度。

分析处于房产企业霸主地位的万科集团，我们可以发现这家二十多年不断发展的企业之所以不断成功，源于其拥有良好的公司治理结构。

2004 年度，欧美关注亚太投资方向的权威《亚洲货币》杂志，举办了“最佳公司治理”的评选，中国的万科地产凭借其公司治理结构的良好运行、清晰透明，获得了欧美广大投资者的提名和支持，并当选了中国地区第一名。

万科地产之所以能够获得这样的评价，来自于其打造理想公司治理结构的工作行为。从 2003 年开始，万科决定用 12 年的时间，使得整个公司治理结构能够完成精细化成长。这样的计划和行动表现在以下三个方面的追求。

一是专业化。万科从成立后搏击市场的实践中得到如下结论：公司的治理结构要围绕专业化特点，而不要导致资源的分散。因此，在万科的治理结构建立过程中，营造出了“专业化、规范化、透明化、万科化”的直接结构概念，反对治理结构中可能存在的暗箱操作问题，而是积极打造共享的信息资源，加强顺畅沟通。

二是规范化。万科的所有者们认同，治理结构中良好的制度，是产生利润的重要生产要素。因此，规范化是万科公司治理的生命线，也是整个万科的基础。对规范的提倡，就意味着按照现代企业治理结构，将整个企业的行为加以规范。例如，在规范化的治理结构下，万科建立了一支优秀的职业经理人队伍；又如，万科通过治理结构的设计，和平衡计分卡相结合，从而将工作目标不断分配到不同部门，产生了良好的效果。

三是透明化。万科的所有者提倡对内部做到平等，对外部做到透明，整个公司治理结构应该足够阳光。在企业内部的沟通中，万科坚持要简单而不复杂、透明而不黑暗、规范而不随意的治理结构原则。通过对治理结构的不断完善，万科内部形成了制度上的保证，营造了充分宽松的气氛。

为了充分实现上述目标，万科的公司治理结构从诞生开始就不断实践和改善。首先是将职业经理人加以制度化；其次是对公司结构进行改变，从传统的大小股东博弈后由管理层执行，变成更为实用的更为科学的“三权分立”结构。通过逐步对分权和授权机制的完善，万科建立了投资和决策的分别委员会运作模式，而在这样的运作平台上，董事会和具体的管理班子之间只存在“委托—代理”的关系，这样，战略决策和具体执行在结构上就获得了有效分离。

当然，万科的公司治理结构具有其自身个性特色，因此虽然表现得相当优秀，但并不一定适合每家企业。理想的公司治理结构，会包括以下共同要素，见图2－5。

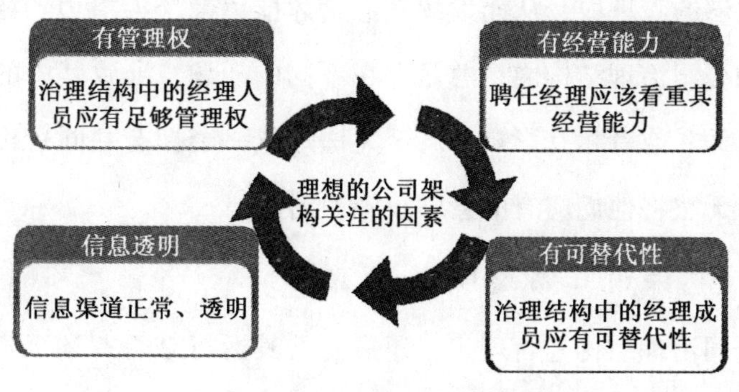

图2－5　理想的公司架构关注的因素

1. 聘任经理应该看重其经营能力

在不同企业中，具体的公司治理结构有着各自的需求和特点，但是，任何一种理想实用的公司治理结构，都需要聘任和使用好职业经理人来支撑、维系、发展和完善整个治理结构。因此，治理结构是否能够积极把握住聘任经理的应有标准，将会决定治理结构的健康水平和发展前途，而对经理人加以评判比较的标准体系中，自然应该将其经营能力作为主要部分。

2. 治理结构中的经理成员应有可替代性

和所有者不同，治理结构中的管理是应该可以替代的，这就意味着在治理结构的框架内，应该将经理成员看作不同的“零件”而并非“必需品”。在良好的治理结构中，任何职业经理人不需要也不应该超越整个企业，变成不可替代的那个人。因此，任何一种理想的公司治理结构中，如果发现其他具备更大能力、更好资源的人选，都应该适时地加以转换。这样才能确保整个治理结构公平、完整而富有效率，同时也能确保治理结构始终有效运转，推动企业发展。

3. 治理结构中的经理人员应有足够管理权

在理想的公司治理结构中，通过结构的建立，能够提供给其中经理人员必要而足够的管理权，从而发挥其经营才能以及个人潜力。相反，那些需要改进的公司治理结构内，总是存在不同的问题，导致其中的经理人员或者相互制约，或者相互影响，甚至无法形成一个拥有共同目标的管理团队，又或者无法将他们应有的管理权施展到位。

4. 信息渠道正常透明

一个公司治理结构是否理想，还需要看其运行是否有利于建立该治理结构，即公司拥有者的权益。因此，优秀的公司治理结构总是可以确保其中的信息渠道对股东予以充分公开，从而保证企业的股东能够随时获得充分迅速的信息，以辨别企业内部管理人员的工作态度、工作能力，并在这些信息的基础上，观察和判断这些经理人员的管理行为是否确实符合股东的利益。

民营企业的治理结构问题分析

受到中国企业传统观念的影响，以及外部监督和管理机制尚未完全建立等客观因素的制约，在治理结构方面，中国民营企业暴露出不少问题，出现不少缺陷。对这些治理结构问题予以正视，才能帮助民营企业所有者更好地对企业的未来加以规划管理，为企业注入更多新的生命活力。

以下以一家民营农业技术研究所为例，来对民营企业的治理结构问题加以感性的认识。

J农业科技有限公司，位于河南省开封市，是一家注册于20世纪90年代的私营企业。该企业属于科技型民营小型企业，主要业务为研究、生产和销售相关的农业技术产品。

J公司是由某农业科学大学的李教授和他的合伙人董先生创立的。董

先生担任公司经理和董事长，但不参与企业的实际管理，因此，李教授在退休后一直担任副总，而董先生的代理人是他的女儿，也同样担任副总。目前，这家企业没有负债，净资产上百万元，流动资产近二十万元，员工共四十人左右，企业内部分别设立了销售部门、生产部门、技术部门和运输部门。其中，李教授负责技术部门的日常主管工作，而董女士负责其他三个部门的日常管理工作，公司内的一切较大决策，包括签订合同、发展业务等，都由李教授和董女士加以协商而做出。

由于J公司起步较早，在成立之后，又通过李教授的人际关系，先后聘请了好几位国内相关科学技术方面的专家担任技术骨干，因此，具有很强的技术研究能力。该公司先后开发了上百个新产品，覆盖了从农业种子、养殖、种植、运输到上市等不同的环节。由于占有明显的技术领先优势，这家企业获得了远高于同行其他企业的利润。成立六年来，该公司的税后销售利润始终保持在30%左右。

然而，根据相关咨询专家的研究发现，该公司的市场规模增长速度较慢，究其原因，除了融资瓶颈和经营战略存在问题之外，该公司的治理结构上也有所缺陷。

J公司虽然名义上是一家有限公司，但治理结构上存在很多问题：首先，由于董事会中除了董事长之外，其他所有成员都有权力代表企业从事具体的生产经营活动，这也就意味着，几乎整个企业所有的重大决策都需要得到所有董事的同意，因而很容易导致企业决策上出现差错和延误。实际上，在民营企业的发展初期，做出的决策应该坚决而果断，但在J公司，李教授是技术类型的专家，而董女士是管理类型的人才，两个人分别具有各自不同的优势，导致协商和交流之间造成障碍，常常会影响企业决策的及时与有效性。其次，李教授的确通过个人人际关系邀请来一些技术人才担任企业的技术队伍管理者，但是，他们和企业之间的关系除了纸面上的合同之外，更多依靠于李教授的私人面子，相比之下，该公司的治理结构中缺乏适合职业经理人的职位，更没有从其治理结构中产生良好的约束、管理经理人的制度。

因此，对于J公司来说，建立规范的公司治理结构，才能进一步实现企业的规模扩张，而解决公司治理结构的问题，将是该公司持续发展的重要条件。

以J公司为代表，目前，中国民营企业广泛存在以下主要的治理结构问题。

1. 企业所有者成员之间产权界定的问题

私营企业的总体产权是相当明晰的，但是，在某些家族式企业，或类似于J公司这种由合伙人企业发展而来的公司中，产权依然存在着一些问题。需要看到的是，这些问题导致的矛盾并不一定突出，但会产生长远的分配问题，并很可能在企业稳定和长期发展的过程中产生破坏性的负面影响。

2. 股权过于集中

在民营企业中，股权集中的确有其益处，能够确保决策的效率得到提高，决策过程也可以避免干扰，这样，整个企业能在优秀领导人的带领下迅速发展壮大。但是，这样的治理结构也如同一把双刃剑，一旦企业的核心领导者一时判断失误，抑或个人在知识、经验等方面有所欠缺，那么，股权过于集中的特点就决定了整个企业内没有任何人可以对其意见加以否决和制约，这样，企业的前途就会因此受到影响，甚至很可能走向失败。

3. 民营企业的股东角色过多

不少民营企业中，股东不仅扮演着投资者的角色，同时还是经理、董事，又或者是部门管理者等。这样的定位很容易发生混乱，形成一种并非良性的封闭循环。在这样的循环中，经理人员对董事会负责，董事会对股

东负责，而股东或者董事会本身又是经理。这种封闭循环很显然是整个民营企业发展和成长所遇到的重要阻碍。

4. 治理结构不清导致外部人才不易保留

由于治理结构不清，民营企业的制度建设缺乏必要的保证，而制度的运行也难以持续。这样，外部聘请的人才就不容易长期在企业中发挥应有的作用，甚至得不到自身工作所应得到的肯定和激励。面对这种情况，民营企业要做到对治理结构加以重新整理，在董事会、监事会和经理层面保持各自工作的独立性，避免职权的交叉，注重对不同层面的激励，并利用相互之间的经济契约来约束不同层面之间的关系。

总之，民营企业也需要完善好内部的治理结构，消除传统管理的种种弊端，保留其中的优势，从而增强整个企业的向心力，并增强企业的长远竞争力。

上市公司的得与失

在诸多企业中，上市公司的治理，对其利益的影响相比其他企业而言更大。要想对上市公司的治理结构加以健全和完善，需要的不仅是健全整个公司外部的治理环境，更需要完善公司内部的治理结构。目前，中国的市场情况与发达国家的市场情况还有所区别，上市公司面对的外部环境还缺乏完善，对其进行提升和改变，需要相当长的时间。因此，对上市公司内部的治理结构加以改变，提升其治理效率，会在相当程度上影响上市公司的经营得失。

在上市公司的治理结构改变中，存在着以下问题和缺陷：

首先，上市公司的股权结构不合理，导致其运行状态失灵。从公司治理结构的概念和历史来看，其基础是公司的股权结构。而现代企业的理论研究也表明，公司作为一个利益结合体，其内部股权结构如何安排，会直接影响公司的价值和绩效。目前，上市的股份公司中，大多数股份都集中在第一大股东手中，而第二大股东的持有数量和第一大股东相比差距很大，从而形成了普遍的“一股独大”的现象。这种股权高度集中在某一方手中的状况，不仅很大程度上限制了公司治理结构的建立和改善，还会损害公司治理结构所发挥的绩效，直接导致企业大股东对公司的完全操控。

其次，董事会的结构不合理，导致公司治理权力失去平衡。

在上市公司中，不少企业的董事会的产生和运行或多或少缺乏规范。在这些企业中，董事长的选举大多直接来自任命，或者是某些大股东的直接授意，或者是政府主管部门的同意，虽然董事长的任命、解聘也经过了企业的股东会的决定，但实际上却缺乏真正的选举过程，这导致企业的董事会失去了其原本应有的作用。

同样的原因，董事会和管理层之间，也常常无法形成必需的有效监督机制来互相制约。在理论上的公司治理结构中，董事会的成员应当从股东利益最大化出发，遵循诚信原则，对企业的重大事物能够做出和管理层并不完全一致的独立判断，从而对企业的经营管理作出战略上的指导判断并对管理层做出有效的监督。然而，在诸多上市公司的实际运作中，往往出现董事长本身兼任总经理的现象，董事会也往往和管理层高度重合，这样，董事会原本和管理层之间应有的制约和监督关系就很难得到体现和理顺。

再次，上市公司的治理结构普遍容易出现董事会不够稳定的状况。在现代企业中，董事会需要保持充分的稳定程度，这是因为频繁的变更，很容易导致董事会内部的不稳定，从而降低董事会成员之间的信任与磨合，导致重新对利益进行划分和协调等，这些种种不利因素，对上市公司的董事会决策有着较为明显的负面影响。

最后，上市公司的监事会建设也存在问题。例如，监事会人员选聘上，虽然有明确的法律规定了公司监事会内部职工的比例，但这些职工绝大多数都是经过挑选以后的职工，难以对身为其实际工作上级的董事或者经理形成真正的监督。更不用说，在上市公司的治理结构中，不少监事本身都是控制性股东，其利益和企业的所有者具有高度一致性。这样，这类监事是否能完成监事监督、控制的职责，就不得不令人质疑了。又如，在一些上市公司，监事会和独立董事经常同时存在，难免会导致各自职能上相互重合而无法加以清晰划分；监事对于董事会或管理层的监督，更多来自于事后，与企业的董事和管理层之间，也存在着信息不对称问题，这也在很大程度上加大了监事履行其监管职能的成本。因此，上市公司在治理结构上的改革也必须考虑到监事会的建设。

上市公司目前在治理结构上存在的问题，需要加以及时地解决和处理，而具体的措施也应该围绕治理结构本身予以展开。

1. 对股权结构加以优化

上市公司应该形成具有特色的股权多元化、分散化、动态化的机制，例如，通过扩大公众股的比例，或者借鉴美国公司的经验培养机构投资者等，从而发展更多能够参与公司治理的股东，完善公司的治理机构，保护企业所有者和投资者的利益。

2. 加强董事会改革，对董事会制度加以健全

董事会是公司治理结构的核心部分，是整个公司的决策机构。因此，增强董事会对其自身职能的发挥，是对上市公司治理结构加以完善的核心任务。上市公司应该首先建立符合现代企业制度的董事管理制度，包括对董事的聘用、考核、奖惩等制度，并完善董事会内部评价的体系，加强董事会运作的有效性，并强化董事会的管理责任和战略管理功能。

另外，上市公司还应该加强董事会对企业高层管理人员的监督管理力度，应该在董事会内部设立不同的专门委员会，如审计、薪酬和提名等委

员会，发挥它们各自的作用，强化对企业管理层的监督控制。

同时，建立董事的问责机制，对董事会的相关决策给予科学性和实践性的有效保证，确保董事会中的成员能够以诚信和勤勉的工作态度履行他们的工作职责，从而维护整个企业股东会的利益。当董事在实际工作中发生了较大的失职问题时，应该按照事先制定好的问责机制加以处理。为此，还应该适当加强董事会的独立性，做到完善董事会制度，成立独立董事提名委员会，并针对独立董事建立相应的选聘机制和激励机制，从而有效地增强其职能，提高其素质，发挥其在公司治理结构中应有的独立作用。

3. 加强监事会建设，增强其监督职能

监事会是企业内部的监督机构，对于确保企业整体和投资者的利益具有重要的作用。对于监事会，上市公司应该首先做到完善其任命机制，能够避免董事或者经理提名影响到监事的任命。同时，还应该对监事的资格加以限制，要求监事必须能够具备在法律、财务、会计或者企业本身的技术等方面的专业知识。

对于监事会人员的构成，上市企业也应该加以积极改变，避免那种完全由股东代表和职工代表来组成内部监事的习惯性现象，而可以参考国外经验，设立外部监事，从而增强监事会对监督职能履行的客观性和独立性。

综上所述，在对上市公司的公司治理结构进行完善的过程中，上市公司的所有者和管理者需要拿出应有的智慧、勇气和耐心，看清得失，用较长的时间来对公司治理结构进行逐步推进，并从中持续、长远地受益。

第三章　天地道法术：架构、职能与岗位设置

组织为什么会存在

> 从经济学角度来看，组织存在的缘由并不复杂：当经济组织发展到一定规模时，依靠市场交易进行的外部交易成本开始变大，当这种成本大于组织行政管理机制所产生的管理成本时，企业组织就因此而出现了。换言之，组织之所以需要存在，是因为在组织的运作下，企业内部的交易成本低于外部的交易成本。
>
> **——效率革命智慧箴言**

企业组织存在的原因是什么？回答这个问题，我们必须看到，企业作为一种经济组织，并非和经济活动同时产生。随着社会生产水平的提高、组织制度的进步，企业形成组织，并始终体现着组织的性质和作用。

有文字记载的组织可以追溯到《圣经》，摩西领导以色列人走出埃及时，就通过建立组织管理百姓。当时，这些工场已经形成了和社会发展中专业化分工、市场交换相匹配的经济组织，这种程度的组织被称为古典企业；当第二次工业革命结束后，企业作为组织在规模上和结构上再一次发生了深刻的变化，形成了新古典企业的组织特点；20世纪上半叶并一直延续到现在，企业的组织架构进一步复杂化，理论界开始运用新的框架，如交易费用框架等研究企业作为组织的形成，并为我们能够更加深刻地认识企业组织的作用提供了理论依据。

早在古典经济学中，著名的亚当·斯密就提出，企业是这样一种组织：将包括资本、土地和劳动力等生产要素联合在一起并创造财富的组织。因此，经济组织之所以出现，就是为了满足人们为市场提供产品和服务的需求，而追求利润最大化则是组织出现和存在的必要性。

之所以这样确定，是因为在古典经济学中，企业本身作为生产中的一个衡量单位而被考虑，其主要功能正是为了将不同的生产要素组合并通过生产，形成一定产出。和传统的自然经济相比，由于市场经济中组织化的企业可以带来更好的分工和交换效率，因此，企业成为组织化的经济单位便就此固定下来。

但是，如果就此仅仅将企业组织和利润追求之间画上等号，认定企业组织是因为利润而存在的，很可能就会对企业组织为何存在而出现误解。事实上，无法获取利润而最终倒闭的企业组织比比皆是，并非成为经济组织就一定能确保利润，也并非获取利润的企业就是组织化的。因此，人们对于企业组织为何存在的本质认识上，一直有着某种显而易见却未曾改变的错误逻辑：企业组织是因为资本和利润而存在的。

实际上，企业组织虽然因为资本而诞生，但当企业组织诞生之后，就在很大意义上成为了独立的生命体；同样，企业组织所追求的利润目标，是这个组织在承担了自身的责任使命之后，所获得的应有结果，并非其作为组织而必然存在的前提原因。

那么，企业组织为什么存在呢？从本质上来看，企业组织之所以能存在下去，是赢利的需要。但从长远发展的角度来看，则是因为其肩负的社会责任。

对内，企业组织承担着为企业所有人争取最大利益的责任；对外，企业组织需要满足更多更大的责任，包括对客户、市场、社会和政府所需要履行的种种责任。这些责任是非组织化的经济单位所不能履行和满足的，例如，应尽的纳税责任、承担和社会共同进步的责任、分工合作的责任、推进科学技术进步的责任等。这些责任都来自于企业组织之外，而直接要求于企业组织。正因为如此，企业组织从本质上来说是履行责任的组织，而并不是实现权力的组织。

需要强调的是，企业组织所面对的责任，是社会环境所赋予的种种要

求和任务，这些要求和任务是企业所有者在追求利润时所必须承担的，因此，责任就成为了企业组织所必须承担的。当这些任务完成得合格乃至优秀时，组织效率就明显提高，获得的利润就会增加。反之，当企业组织开始推卸责任，就等于推卸了自己的使命，而组织所面对的责任开始缺失，很可能会因此付出组织生存停滞乃至崩溃的代价。

因此，我们可以看到，一个暂时未能获取利润的企业并不会马上被淘汰，但是，一个不能承担应尽责任的企业却会很快倒闭。例如，那些无法承担法律责任，或不能对客户肩负诚信责任的企业，很容易被市场所淘汰，这正是因为其违背了组织存在的根本意义。

企业组织是一个独立的存在体，并非资本的附属品。当企业作为组织而诞生后，就独立存在于经济环境和社会环境中，而责任正是如此存在的根本原因。

所以，从下列角度看待企业组织，会得到更加实用和更加具有指导意义的方法。

1. 企业组织承担的责任是多元化的

由于组织因为不同的责任而存在，因此，企业所有者和管理者在进行组织建设、发展的过程中，不能只看到追求利润的责任，而忽视其他责任，应该积极地认识到，企业组织对自身所承担的责任履行，是从更深远的角度来获取利益的保障，也是企业组织得以稳定存在和发展的基石。

2. 企业组织的建设需要围绕责任进行

组织架构的建设，应该有充分准确的目标，才能发挥应有的效用。明确组织存在的原因后，企业家就应该将企业组织的建设充分围绕责任进行。为此，应该有效地避免下列行为：只看到利润看不到对市场、客户、社会所承担的责任；企业组织架构建设的盲目性、无序性；随意变动企业组织架构等。

3. 组织效率提升效果获得需要正确的衡量标准

组织效率的衡量标准

指标名称	考核的意义
公司利润额	企业创造价值的能力（企业的发展阶段和规模对此指标有影响）
利润率	与同行对比，发现自己的成本问题
市场占有率	决定企业在行业的地位
新产品研发周期	内部管理效率
订单交货期（平均）	内部管理效率；供应链管理水平的一部分
库存周转率	内部管理效率；供应链管理水平的一部分
人均创利额	供应链管理水平的一部分

管理者应该根据企业的实际情况，制定组织效率衡量标准，以确定效率是否得到提升。例如，通过衡量公司的利润额大小，判断企业创造价值的能力高低；通过衡量利润率大小，判断与同行的差距，并发现企业所面临的成本问题；通过市场占有率大小，判断企业在行业的地位，并据此制定下一发展阶段的战略；通过对新产品研发周期、平均订单交货周期、库存周转率以及人均创利额等要素的衡量，判断企业内部的管理效率，从而更好地评估整个供应链的管理水平。当然，企业不同，所面临的问题以及衡量的标准亦有不同，管理方式不应千篇一律，而要灵活运用。作为管理者，也要全面地履行自己的责任和义务。如果只看到利润，而忽视了责任，组织效率的提升就是空谈。

组织有什么用

> 企业之所以能生存和发展，在于企业有着“人员”这一最重要的资产。这些团结在同一个企业内的人员应该具备共同的目标、共同的理念和相近的工作思维、工作态度和工作方法，这样，企业的整体目标才有可能达成。而企业作为组织存在的意义，也正是基于上述原因。
>
> **——效率革命智慧箴言**

无论企业规模、股权结构和行业范围大小，企业都可以看作一个组织，这个组织是由一群具有共同目标的人员而组成的团体。因此，组织的作用也正是为了让其中的人力资源首先发挥更好的作用。

在不同的企业组织中，为了达成企业的目标而进行不同的活动和工作。根据活动和工作的不同，企业组织被分为负责各自不同工作的专门功能部门。其中包括生产部门、销售部门、研究部门、人事部门和财务部门等。不同的部门分别选择能胜任各自项目的执行工作的专业人员。通过这样的专业化分工，企业组织的效率将比“各自为战”的部门或个人有显著提升。

同时，企业组织发挥的另一层意义，是对分散力量协同的重要作用。这是因为，在经济活动中，将三五个拥有共同利益追求的人组织在一起较为简单，而想要将数量更多的人组织在一起则相对困难。这是因为人数较多，其学习经历、社会背景、人文素质等各不相同，只有企业组织才能确保他们的工作步调发展一致，从而做到为共同的目标齐心协力。在这样的过程中，企业作为组织的意义才会得到充分彰显。

然而，不少企业并没有意识到企业作为组织的深刻意义，一些民营中小型企业，只是满足于有一份书面的组织架构图，甚至其中一些处在发展初期的企业连这样的图也没有，整个企业数十名、上百名员工，一切都听从企业主个人的发号施令，谈不上有正规健全的组织系统，组织内部也没有应有的部门划分和职责规定。

当然，也有一些企业所有者能够认识到企业组织的意义和影响，也希望自己能够在工作中按照组织系统的原则去实践管理。但由于旧有传统的影响，常常让他们在实际工作中忽视组织的意义。

这样的企业所有者在实际的管理工作中并不少见。

×公司董事长曾经派出一位经理，去企业下属的工厂，同厂长一起进行业务转型的工作。但是，在派出经理之前，董事长并没有从组织上清晰地划分两者之间的权责限度，也没有具体交代两人谁可以做出最后决策，谁可以进行战略部署。因此，在该工厂业务转型工作过程中，每当两人意见不同时，往往会导致争论，而董事长以个人身份来调解矛盾也很难使二人真正协作。最终，这家企业工厂的业务转型工作耽误了三个多月，工厂的员工士气低下，造成业绩上的很大损失。最终，董事长亲自到工厂处理好两人的矛盾，但对企业的部分和整体利益都带来了影响，而董事长则认为，是下属之间并不重视配合的缘故。

其实，这样的问题之所以在不同的企业中屡屡出现，更重要的原因是企业所有者没有懂得组织的作用和意义，没有学会用企业组织中的有效架构来协调工作、分配利益和解决矛盾。

对于企业组织的重要性，可以从以下几点观察和明确。

1. 组织是企业活动的出发点和平台

企业的组织之所以重要，在于组织是以执行企业的责任、达到企业的

目标、维护企业所有者的利益为使命的。对企业进行组织的过程，也就是对企业做出战略决策、形成方案和执行的过程。其中，企业的目标、策略、方案、计划等活动，都包括在企业的组织活动中。反之，如果没有良好的组织设计、组织架构和组织中有效的人力配置，那么，企业的其他战略规划也就缺少存在的价值和运行的基础。

2. 组织架构的重要作用

企业的组织之所以发挥作用，还在于组织架构所承担的角色。组织架构本身是组织运作设计的成果，不同的企业组织会产生不同的组织架构，而不同的组织架构则会对企业的运行带来不同的影响作用，并适用于不同的情况。因此，企业管理者在对企业组织的作用进行认识和评估时，应当看到组织架构的作用，并积极引导和利用。

3. 企业组织可以更好地适应外部环境

企业组织外的任何事物，都可能会影响到企业本身发展的速度和成长的绩效，但是，企业中的个人和团队却很难控制和影响外部的环境。这样，对于企业来说，外部环境总是充满了不确定因素——如政策的转变、市场的景气程度、竞争者的多少、客户的偏好等。正因为存在外部环境的不确定因素，企业更需要形成有效的组织治理，这样才能让整个企业跟随环境进行改变，从而降低环境的不确定性对于企业整体和个人的冲击，并适时发挥企业组织架构的调整作用来适应外界。

信息化对组织架构的影响

管理学大师彼得·德鲁克曾经说过："未来的企业组织架构，将不再是传统的那种金字塔式样等级制结构，而是会逐步趋向于扁平化的组织架构。"在中国，已经有越来越多成功和正在走向成功的企业，证明了德鲁克的预言。时间证明，组织架构从金字塔结构向扁平化结构的转型，成为了企业组织构架中变化发展的必然趋势。而给这一趋势带来深刻影响的，正是企业的信息化。

——效率革命智慧箴言

企业信息化是指企业内部以业务流程的优化、重建作为基础，在充分的深度和广度上，利用计算机、网络和数据库技术，对企业生产经营活动中的不同信息控制和集成化的管理，从而实现企业内外部信息的充分共享和利用。

××燃气集团是中国最大的城市燃气运营集团。该集团采用的是总部直管模式，没有区域公司。靠什么？靠信息化。总裁曾戏称："没有信息化，我的办公室需要20部电话，20部传真机。"

可见，通过企业的信息化，企业可以实现对信息技术和产品的准确利用，而这样的过程从点到面，从试验阶段到深化阶段，最终发展到战略阶段。这样，企业的经济效益和市场竞争力才能得到提高，而企业的组织架构也必然在此过程中获得革新和成长的机会。

在企业信息化的大环境下，企业组织正呈现出以下的发展趋势：

首先，企业组织架构的扁平化。这是因为企业信息化状态的加强，将会优化企业的信息传递过程，并使得收集信息、处理信息和传递信息的能

力大大加强，同时，在企业内部，许多程序性的工作都可以由自动信息处理系统取代，从而大大减少了组织架构中中间管理层的人工处理环节。因此，企业组织的结构层次能够得到充分的改善，尤其是其中管理层次可以得到明显改善，从而实现企业的组织架构从金字塔结构向扁平化结构的顺利转化。

其次，企业组织架构的柔性化。组织架构并非必须是硬性的，柔性化的组织需要具备不断适应变化和调整自身以适应变化的能力。而其中组织的对外开放性，就需要通过组织整体运作中的知识的积累和进化、对外部环境变化的预期，从而实现组织的目标、战略和规范，并选择和整合，从而实现同环境发展的一致性。这就意味着在企业的组织架构上应尽量避免设置固定、正式而不变的组织机构。反之，代之以采用临时性任务作为目标的柔性组织，其具体的组织形式可以包括矩形组织、团队组织等。利用这样的柔性化组织架构，可以充分利用企业内外的资源，并增强整个企业组织对于市场变化和竞争的反应速度，有利于组织更好地实现其运行过程中集权和分权、稳定和变革的统一。这样的动态组织架构更加灵活而便捷，同时富有弹性。

实际上，在企业信息化的过程中，传统的刚性组织已经无法适应组织自身发展和变革的需求。因此，柔性的组织架构应运而生。随着信息化在企业组织架构内的不断应用，信息化带来的先进管理理念在企业间不断传递，这样，企业的组织架构会在信息化的实施和应用中不断获得调整，并最终向柔性化的目标发展。

再次，企业的组织网络化发展。组织的网络化，实质上是由原本若干各自独立的组织所构成的组织系统，在这样的新的组织系统中，成员会不断变化。例如，在传统的组织模式下，某些工作是由一些具体的部门来完成的，如制造、质检、包装、运输、营销等，这些工作通过合同的形式，外包给其他组织后，新的组织网络化就得以形成。这种动态的网络具有显著的优点，即企业中的核心组织能够将工作的重点放在自己最得力的工作职能上，而将其他的工作职能转让给其他组织。这样，企业的核心组织就能够在不同的运营成本方面，如人员、结构、功能等最大限度地做到灵活、精干、高效和节约，从而利用较少的工作资源对外部的环境资源优势进行整合，从而获得整个企业的最大竞争优势。另外，企业也能充分发挥出社会分工的优势，从而显著提高企业组织网络的经济优势。显然，这样的变化带来的优势，也是信息化为企业组织带来的良性推进动力。

最后，组织的虚拟化变化。随着企业信息化的推进，不同的企业之间通过信息技术，实现合作的虚拟化，已经从不可能变成了可能。同时，企业之间合作的动态化，也迫使企业组织架构向虚拟化转变。

从以上分析我们可以总结出，企业的信息化和企业的组织架构变化之间，存在着相互制约和促进的关系。一方面，企业信息化的需求带动了企业组织架构的变化；另一方面，企业组织架构变化的方向和质量，又推动和制约了企业信息化的质量。通过组织机构的变革，企业的信息化能够有效地带动组织架构的变革，同时，组织架构的变革也能推动企业的信息化。组织变革通过对企业的信息化建设，对企业的管理层次实现合理化，提高了应变能力，另外，组织架构的变化又保证了企业信息流的畅通，防止企业组织在信息化的时代中被迫落后。

在信息化对组织架构的影响中，以下特点需引起企业所有者和管理者的重视：

1. 组织变革是企业信息化能否成功的关键

一个企业的基础是其组织的架构，无论是企业内部自身的要求，还是外部环境的要求，都需要企业在信息化潮流面前改变自身原来的组织架构和管理模式。因此，组织架构的扁平化、柔性化和虚拟化等变化，能够促进企业管理者的决策，并帮助企业的高层和基层获得更加高效的沟通，实

现信息的迅速传递与共享。这样，组织变革就能成为企业信息化成功的关键因素。

2. 企业决策者承担相应风险

在决心对企业内部实施信息化之时，企业管理者必须认识到自身所承担的风险。这是因为信息化的投入本身是一项重大工程，需要动用企业的大量资源，而信息化过程也必然影响到企业本身的组织架构变化。因此，企业决策者在慎重的基础上，应该全面认识可能存在的风险，并且学会承受变革带来的压力。

3. 信息化应该获得企业员工的支持

企业信息化和随之而来的组织架构变化，应该得到员工的充分支持。无论是高层决策者，还是中层管理者和技术力量，或者是普通员工，都应该充分了解信息化和组织架构变革的意义，从而减少具体的阻力。即使在遇到来自不同方面的阻力时，企业所有者和管理者也应该懂得如何化解阻力，并分析企业组织架构中不同层次员工的反应，做好沟通工作，从而推进信息化和架构变化的进程。

不同组织架构优缺点早知道

合适的企业组织架构，应该能在诸多方面做到有效平衡。例如，在企业的规模经济和范围经济中、在交易和代理成本中、在信息的流动和传递中，都能发挥其平衡的功能而带给企业应有的推动力。根据权变理论可知，对于所有企业来说，在其不同的发展状态中，并不存在一个永远都是最合适的组织架构，对于某个特定的企业，最佳的组织架构形式，实际上依赖于其具体面对怎样的特定环境。

——效率革命智慧箴言

合理的组织架构是否一成不变？答案当然是否定的。随着科学技术的进步，企业内部依赖于任务或者项目的特征正在发生变化，因此，企业的合理组织架构也在不断地发生变化。

随着信息化的推进，网络组织的兴起，削弱了企业内部许多职位之间原本存在的工作流程、工作环节上的依存关系，同时，显著地减少了因为企业内部个体和群体之间进行沟通协调所需要的成本。例如，通过互联网、计算机、传真和相关软件，位于不同地方办公的企业工程师、专家，完全可以做到不用见面商议，就能合作设计新产品。这样的变化，减少了企业中某个成员的必要性，而企业的组织架构也需要由此发生变化。

2007年，海尔大规模调整集团的组织架构，将其旗下的业务组成不同的六大集团，分别包括白色家电、数码和个人产品、客户解决方案、制造、金融、商业流通集团等。

实际上，这一组织架构的变化已经是海尔的第三次变化了。在其发展的第一阶段，海尔采用名牌战略，围绕着自身的产品质量；第二阶段，海尔采用多元化战略，不断为企业带来新的业务增长点，进行产业的多元化经营；第三阶段，海尔采用多元化战略，加速自身的全面发展，围绕全球化的品牌目标，全面提升其国际竞争力，以成为国际化企业为核心目标。

围绕上述三个不同时期的企业战略，海尔有着以下几次组织架构调整。

在第一阶段，海尔采用单一产品线的直线职能组织架构。按照职能来划分部门，这样，企业内部不同部门组织架构明确、职责清晰，权力高度集中，能够让企业的核心领导层对于整个企业进行严格的控制。同时，企业内部不同部门之间的关系并没有较大变化，因此，不同的部门之间较为稳定，能够帮助企业中层的管理人员熟悉工作，并培养技能，从而强化企业内部的专业管理，提高了工作效率。

在第二阶段，随着海尔多元化战略进程的开始，原本的组织架构的弊端开始显现，对海尔多元化的战略带来了一定的阻碍。这是因为在多元化经营的企业中，如果依然采用直线职能制，就会加大企业核心层面管理者的工作压力，造成不同产品和服务之间的决策和协调产生矛盾。同时，在直线职能架构下，高度的专业化分工将使不同的部门眼界较为狭窄，而难以进行多元化战略下的及时沟通。因此，海尔积极改变，采取了从直线职能制架构向事业部制架构的模式转变。

在事业部制的架构下，企业以集中决策管理作为组织架构的基础，而将业绩、项目成果和利润贡献等下放到不同的事业部，让其自行负责。这样，事业部由于有着自身的管理部门，能够迅速应对变化，快速竞争，其也就能更加快捷地面对实际情况，带来更加清晰的产品责任。

当海尔进入国际化战略化之后，其对组织架构又进行了再次调整。在新的架构调整之后，海尔不同的子集团拥有了各自不同的产、供、销资源，而与此同时，海尔还加强了对企业内部资金的监督力度。因此，这种新的组织结构，实际上是将市场项目和事业部两者之间的欧式结合，从而强化企业组织架构的变革，并适合于不同类别的产品运营，从而推进企业的整体国际化竞争。

海尔的组织架构选择，表明了不同的组织架构形态有着各自不同的优点和缺点。而企业的所有者和管理者必须认识清楚不同组织架构的优缺点，从而为企业的管理提供足够的认识基础。

1. 职能型组织架构

这种组织架构的优点在于，其结构较为简单、专业化程度很高，专门的人力资源充分集中。这样，企业中的技术人员较为容易管理，具备应有的灵活性。而团队成员管理集中，只向一个上级负责，即使他们负责不同的项目工作，也只在一个部门内工作，有着明确的集体归属。因此，这种架构有利于企业内不同的个人员工发展。

但是，这种组织架构也存在着缺点：主管工作项目的经理缺乏必要的权力，工作人员通常首先重视对自身部门的忠诚，而并不是企业的客户或者企业项目。由于员工以部门为分类，因此，客户很难找到明确责任人。同样的原因，不同专业部门之间也会因缺乏充分的沟通合作，项目很难获得整体的管理。

2. 项目型组织架构

这种组织架构和前一种组织架构恰好相反。项目型组织为层次型结构，在这样的组织形式中，不同的项目如同一个个微小的公司那样运作，而其成员来自不同部门，所有团队都为项目经理工作。

其优点是：项目经理负全部责任，享有最大限度的工作自主权，能够很好地调用项目资源；项目组成员能够集中注意力致力于实现项目目标，

形成团队精神；权力集中，能够使决策和执行速度更快，更好地满足客户或上层的意图；组织结构较为简单，在成本、质量上能有效控制。

其缺点是：不同的项目要会集不同人才，对企业人力资源要求较高；不同的项目各阶段工作重心不同，这样，项目团队不同成员的工作节奏可能有所差别，容易影响到员工工作积极性，导致人力资源浪费；组织架构不利于项目和外界之间的沟通，项目组之间难以共享资源；对于个人成员来说，缺乏个人事业发展的连续性、保障性。

3. 矩阵型组织架构

矩阵型组织架构将职能型组织的纵向优势和项目型组织架构的横向优势结合，并克服二者的不足。

其优点是：项目的目标清晰明确，对客户提出的要求能快速反应；在职能跨越的环境中，可以对项目经理或主管的能力进行培训；能够最大限度地利用好公司的资源；可以得到来自不同部门的更多支持和协调，并通过征求意见来解决问题；信息沟通状况更为充分，知识横跨不同部门而技术则贯穿整个项目组。

其缺点是：对于项目成员来说，上司较多，容易形成多头管理；成员肩负双重责任，如果沟通不良，有可能带来工作的混乱；而职能部门和项目组之间分享资源的公平性，也可能造成问题。

部门职能与岗位职责知多少

世界上没有完全相同的事物，同样，更不会有完全相同的企业组织。不同的企业，不仅需要设置不同的职能部门，而且即使是原本相同的职能部门，随着企业成长阶段的变化，也可以有不同的管理功能。因此，部门职能的设置和岗位职责的安排的前提是，必须要平衡好管理和效率二者的关系。反之，如果没有得到良好的设置和分配，那么职能部门的工作做得越是“细致”，往往越会造成企业效率的下降。因此，对部门职能和岗位职责的设置，应该围绕着企业组织的效率进行。

——效率革命智慧箴言

不少企业主在向笔者咨询时，都提到这样的困扰：随着企业的发展，会雇用越来越多的专业管理人员，例如，企业里增加了会计师、审计师、人力资源主管、市场营销分析人员、IT部门人员等。随着这些专业人员的增多，企业中的职能部门似乎也应该越来越多，成立了财务部、审计部等。然而，随着这些部门对各自职能的履行，企业对于专业的管理人员的需求也越来越大，企业内的专业管理员工数目越来越多，随之而来的是企业的部门职能分配得越来越细。更让企业所有者和管理者感到无所适从的是，这样的部门职能和岗位职责，并没有真正提高企业的组织效率，在看起来“全面和科学”的职能部门组织架构中，企业的效率被浪费了。

因此，企业的高层必须要做到有意识地对部门的职责划分检查，并进一步要求部门对其内部的岗位职责专业的划分，否则，就应该毫不留情地对其去除和革新。即使在企业部门职能和岗位职责原本划分正确健康的情

况下，随着企业的发展，也需要及时对之重新整合。

下面是为天津某家公司做组织整合时的案例：

深圳杨梅红文化国际集团，创始于20世纪90年代中期。在公司总裁柳涛的领导下，该集团经过十几年的发展，已经在艺术教育、创意设计、艺术产品开发等多项业务上有所建树，成为典型的轻资产重技术型集团公司。该公司旗下拥有杨梅红国际少儿美术教育连锁基地近30家，以其富含的教育艺术创意作为企业的核心竞争力，正迅速成长为中国文化产业中的领先者。

但是，随着企业的发展，其组织整合的要求也迫在眉睫。一方面，公司希望能够在美国上市，需要迅速在全国创办更多的教育基地；另一方面，公司原有的集团化模式已经跟不上发展的需求，而公司内部的信息化管理也不完善。

下面是该公司原有的组织架构。

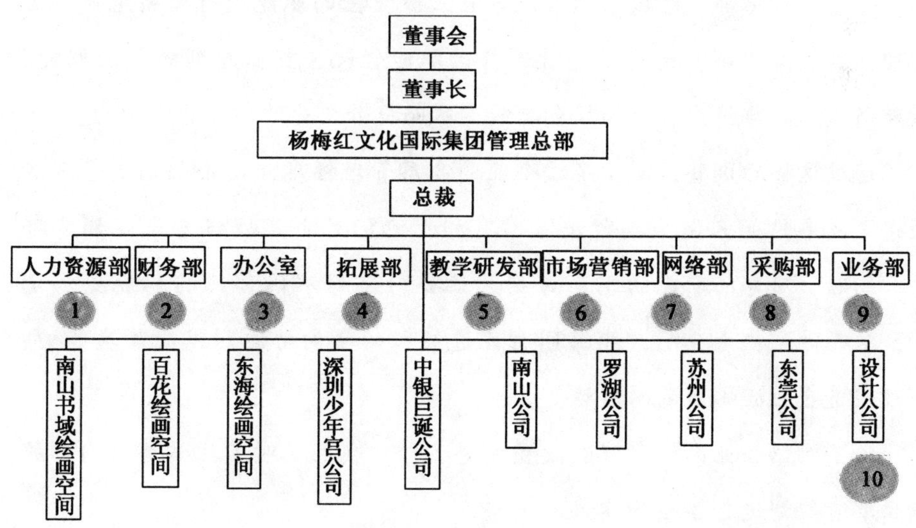

图3－1　该公司原有的组织架构

通过咨询和分析发现，这样的组织架构，主要在部门职能上存在以下问题：

首先，总部的职能划分过细，给三级（总部—区域—教学点）之间的纵向沟通带来了相当重的负担，容易导致企业的效率低下。同时，在部门之间、业务板块之间，协同合作的效率也容易因此而出现间歇性的问题，容易导致相互之间的推诿扯皮。

其次，集团总部的一些职能部门的设置缺乏科学合理的依据，其部门内部存在着冗员现象；职能部门的职能设置也存在着缺失、重叠、错位、虚化等现象。

根据这样的问题现状，特制定了以下解决思路：

结合该企业的组织战略和价值定位，决定采用矩阵式管理架构，突出“最佳产品”的定位，打造文化创新型企业的特质。在这样的思路基础上，针对目前企业总部职能划分过于细致、带来沟通障碍的问题，建议用“四个管理中心、一个公司”来代替原有的十大职能部门，从而提高组织效率。并通过对总部、区域、不同教学点三级管控的职能进行重新定位，优化组织的管控体制。最终，通过这样的职能优化，突出总部的管理职能、教学研发、品牌推广和市场规划功能，从而提升企业的核心竞争能力。

通过这样的调整，减少了该企业的高层管理幅度，使企业高层管理者获得了更多时间来做出高效决策，有利于他们对企业战略未来规划和部署。同时，对部门职能的重新分配，让公司总部不同部门的职能更加清晰，从而做到权责分明，能够同时促进组织的横向协同和纵向落实能力，有效促进企业战略规划的实施。

除了对该企业的部门职能设置调整之外，我们还对其核心部门内部的岗位职责规划进行了咨询建议。

例如，该企业采购部门的职能包括供应商甄选、价格谈判、合同管理、交期与品质管理、仓储管理、物流配送等工作。下面是原有的岗位分

布情况。

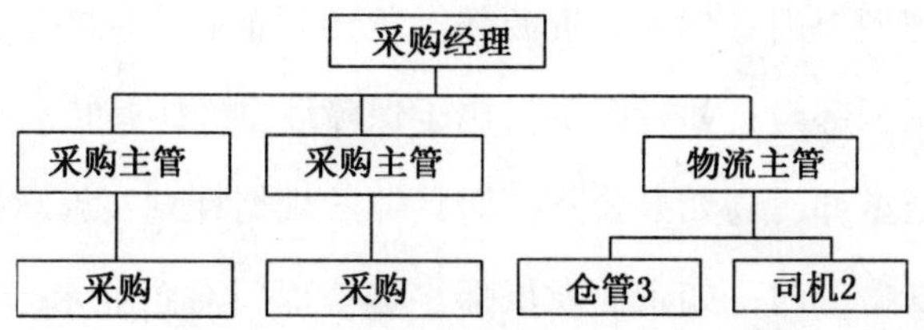

图3－2 该企业原有的岗位分布

而经过优化后，采购部的职能主要包括：根据集团的战略发展规划，主持采购管理工作，确保集团各项任务的顺利完成；制订采购制度、采购计划以及采购预算管理；供应商甄选与询价；与供应商签订集团战略供应合同；采购信息内部公开等。因此，其内部的岗位职责也发生了相应变化。

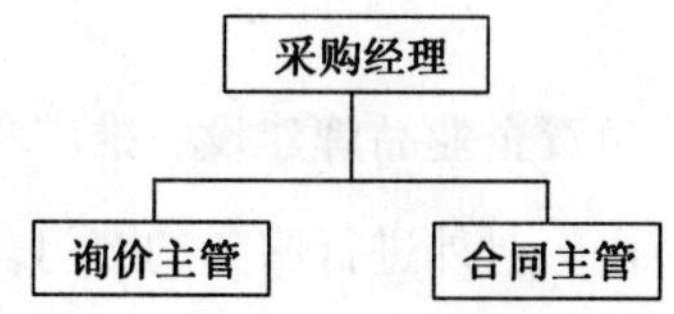

图3－3 经优化后的内部的岗位分布

这样，部门的职能变化就体现在岗位职责的具体变化上，能够确保部门职能的革新得到其内部的有效支持。

当然，上述案例只是不同企业在发展过程中对其部门职能和岗位职责设置和革新的特例，在具体管理中，企业家应该根据自身企业的不同状态，选择不同的方式和目标来对之进行调整。

通常是部门职能的设置应该遵循以下分类原则：

（1）指导型部门：如董事会。每个企业都需要指导型部门，用于对企业的统一指挥和协作。该部门具有战略决策权。

（2）管理型部门：如人力资源部。负责对企业管理的工作活动。

（3）协调型部门：如行政部。用于保障后勤、维持内外联系。

（4）实施型部门：如办公室。对具体的规划计划实施承担的部门。

（5）规划型部门：如企业发展部。这些部门对企业未来需要整体、长期和基本的思考，从而为企业的发展进行规划。

（6）财务型部门：财务部门管理掌握企业的资金命脉，是企业的重要组成部分。

（7）采购型部门：负责企业的采购流程环节的部门。

（8）研发型部门：负责企业的产品创新，通常是技术开发部承担这一职能。

（9）生产型部门：明确生产管理工作的范围，例如专门的工厂、车间。

（10）营销型部门：负责企业品牌建设、推广和市场开拓的部门。

（11）服务部门：对内、对外进行服务的部门，如客户服务部。

总之，只有充分了解部门职能和岗位职责，企业所有者和管理者才能对企业进行有效的组织变革推进，获得更高效率。

新公司组织架构设定的原则

> 一个新的公司，并不仅仅是新的工作流程的集合体，也不仅仅是面向客户和市场提供新产品和新服务，更不仅仅是一些新的工作人员所形成的新企业。和人类社会的其他组织一样，新成立的公司必须要建立起与自身相适应的组织架构，才能确保公司克服初期成长的艰难而得以顺利地生存和竞争。同时，新公司也需要有合适的组织架构，确保企业能够产生独特的组织文化，从而帮助员工更好地融入集体环境。
>
> ——效率革命智慧箴言

新成立的各公司，都有着自己的背景、自己的特点和自己的追求，在这些基础上，形成了不同的企业文化，基于此，才会有越来越好的工作氛围。虽然不同的新公司有着不同的情况，但是，绝大多数能够走向成功的企业，在文化上都有着许多相似的地方，究其原因，是因为它们在刚刚成立时，选择了最合适自己的组织架构模式。

下面是一家新成立公司的组织架构图，这家公司从事的是房地产投资业务，在成立之后，很快形成了良好的组织体系。

在公司总部，分不同的职能部门：

一、业务部门

1. 市场拓展部

负责市场的业务拓展，获取市场的开发信息，负责和客户进行初步的信息交流沟通，并对汇总的信息资料进行反馈。同时，该部门还需要同策划部协作配合，对市场进行整体分析。

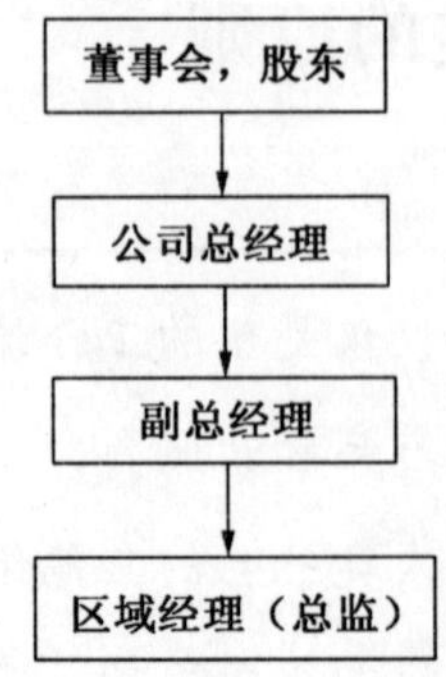

图3－4 该公司的组织架构

2. 策划部

(1) 投资顾问部：负责对企业的投资项目进行预算，并进行可行性评估分析。

(2) 市场调研部：负责对企业涉及区域房地产市场的信息进行相关收集和研究分析，并实时关注市场的动态信息，对市场的走势进行分析。

(3) 策划推广中心：下设广告部、策划小组，共同负责企业不同房产项目的全程策划、推广，同时，配合销售部门，针对销售过程中出现的问题协商解决，并指导销售工作的开展和培训。

3. 销售部

负责对一线销售队伍进行管理，并制订不同时间段的销售计划，对销售的任务予以落实。做好销售队伍的培训和考核，并完成策划部的相关调研、组织、销售方案。

二、事务部门

1. 人力资源部：根据企业的现状制定人力资源管理制度，通过对企业战略目标进行有效分解，让员工明确各自的岗位职责，从而确保员工的利益和诉求得以满足，并确保企业文化和员工的价值观能够充分融合协调。

同时，该部门还负责人才的招聘、录用、管理、考核、培训、奖惩、分配。

2. 行政部门：负责公司的整体运营工作，对公司的结构调整、制度执行和后勤保障做出决策。

3. 财务部门：负责新公司的一切有关财务事项。

可以看出，这个新公司的组织结构做到了既准确适用，又具有足够的可调整性，能够为企业在初步发展时带来良好的推动效果，而在未来企业做大之后，也可以在这样的组织结构上进行更新和变革。

结合上述案例可以看到，新公司的组织设计需要遵循以下原则。

1. 精干实用原则

这一原则的基本要求在于新成立的企业并不需要太多部门，企业的业务应该尽量按照职能来归类设置。对于一些辅助性的工作业务，可以归并到某个职能部门之内，或者只设置岗位，而不设置部门。这是因为组织的精干性，是企业之所以能够有效运行的重要基础，新企业需要做的是首先搭建好框架，当大框架搭建好以后，再深入细化。

2. 垂直管理原则

对于新企业而言，在组织设计上需要体现出更强的一致性，即一个部门或一个项目中，只听从一个领导安排，而并非多元化管理。同样，这种垂直化的原则，对于企业的日常业务开展也有着重要的意义，能够积极提高企业不同部门或项目工作的效率。

3. 独立原则

这一原则要求新企业组织设计中的不同部门应该有着明确的分工、清楚的权责，部门职能相互之间应该相互独立，而不应当相互交叉，同时，权责一旦清楚之后，就应该尊重这些权责，而并非只是停留在书面制度上，在具体的工作业务上，都应该真正落实。

4. 扁平化原则

中小企业的组织设计，还应该遵循效率原则。即对于管理层级来说，其数量应该压缩得尽量少一点。这样，当指令下达时，或者进行报告审批时，不再需要经过太多程序，而具体执行起来速度也能够有所加快。当然，从另一方面来说，在扁平化的企业中，员工个人的职业通道发展不会很快，但通过企业自身业务的拓展、薪酬福利的提高，问题也可以得到有效解决。

岗位设置有何标准

> 早在古典经济学时代，亚当·斯密就提出了分工理论。他在这一理论中指出，专业化的分工有利于提高技术水平，并缩短工作时间，减少员工的培训费用，从而降低成本，提高效益。即使在今天，企业的岗位设置是否符合企业的实际需要，也会很大程度地影响到企业整体作为组织运行时所体现出的效率，并决定企业在未来市场竞争中所处的地位。
>
> **——效率革命智慧箴言**

企业中的工作岗位，是根据企业专业化分工的原则，按照不同的工作职能划分而形成的工作职位。工作岗位，是企业组织结构的基本组成单位。如果岗位的设置过细，容易让工作者因为工作单调而失去工作积极性，同时也不利于企业的整体管理，造成企业内部沟通成本的上升。反之，如果岗位的设置过粗，则很容易导致企业内部的工作划分失去应有的精准性和目标性以及工作内容缺乏到位的划分。

因此，企业管理者在对工作岗位进行设置时，应该做到既要让分工合理有效，又要适当对工作内容和工作标准扩展提高，从而确保企业员工在其工作岗位上既能够帮助企业整体提升效率，也能够促进自身的职业生涯获得发展。

在某家生产和销售高新技术材料的企业总部中，有着下面的岗位设置。

决策层：董事长、董事、监事会主席、监事。

管理层：总经理兼分管技术开发部门；董事会秘书兼任总经理秘书兼任国际市场部经理；国际业务代表、会计、出纳。

生产运作部门：分管生产运作的公司副总；厂长、厂长助理、车间主任、班组长、技术工人、生产工人、杂工；物流部经理、采购员、配送员、仓管员、司机；品管部经理、质检员；设备部经理、工程师、助理工程师、电焊工人、维修工人。

市场销售部门：分管市场销售运作的公司副总；市场部经理、市场经理、市场代表；销售部经理、销售主管、销售代表；项目部经理、项目代表；客户服务部经理、客户代表。

技术开发部门：技术开发部由总经理分管；产品开发主管、研发中心主任、研究员、助理研究员、技术员。

行政部门：分管行政部门的副总、法律顾问、行政部助理、前台；人力资源部经理、人事助理；后勤部经理、后勤助理、驾驶员、清洁工；信息部工程师；审计部主管。

财务部门：分管财务部门的副总、财务部经理、会计和出纳。

这样的岗位设置，主要是结合该公司实际情况和未来需要而进行的。在设置中，尽量将相同或者类似的工作内容和任务整合在同一个岗位中，而将一些工作量较小的不同工作交由同一个岗位来做。另外，也结合了其中核心领导人的特长考虑，如总经理兼任技术开发部经理等。

企业的岗位设置，不能随心所欲，而要结合企业本身的特点，并遵循一定的原则、考虑不同的要素，具体来说，需要结合以下几方面要素考虑。

1. 企业工作总量

岗位的设置应该和企业工作总量相结合，通俗地说，就是有多少事，就用多少岗位上的员工去做。当然，这样的关系也会随着企业的发展变化而不断变化。企业有必要进行内部调节、外部调节等，实现岗位设置和工作总量的均衡。

2. 人力资源结构

岗位设置必须考虑到现有工作的性质特点，即选择有一定专长的员工到一定的岗位上完成工作，因此，企业在设置岗位时，除了要考虑工作之外，还要考虑到现有员工的使用情况，并对其中能够继续挖掘使用的人力资源进行综合分析，从中找出更好的岗位设置方案，避免人力资源的浪费。

3. 岗位设置原则

岗位设置有着其自身的原则需要遵循。以下四项原则需要企业在设置时予以重视。

一是尊重企业的业务流程和管理流程，做到让岗位围绕企业业务而存在；二是尊重职责规范，即在业务流程中已经明确需要设置的岗位之后，还要对其岗位名称、岗位职责内容规范性进行描述；三是协调配合原则，即通过对岗位的整合、拆并和增减，增强企业内的协调配合，提高企业的工作效率，做到明确分工、协调配合；四是人员和岗位匹配的原则，考虑企业实际，并将员工和岗位有效对应匹配。

当然，岗位设置以后，并非完全固定。当企业发展到不同状态时，对岗位重新设置很有必要，也应形成具体的设置方案，在新的环境要求下推进企业的发展。

某公司的组织架构分析

H企业是一家年利润上亿元的食品生产厂商。该企业组织结构中除了董事会、监事会和管理层之外，主要有两组部门。其中一组部门重点在国内销售食品，另一组部门的业务重点是在国际上销售同类儿童食品。两个部门分别由各自的总经理负责，并对各自的业务范围产生的盈亏负责。

在这样的组织结构中，下级相关部门向国内总经理汇报的业务领域包括生产制造、技术研发、采购和销售、市场、配送等项目，而面对国际市场总经理汇报的则只有销售、市场和配送项目。因此，国际部门的总经理需要通过对国内部门汇报而得到的数据来制造其所需要的产品。此外，国际部门总经理还需要了解国内部门进行技术研发项目的进展情况，从而获取国内部门对其新产品开发所提供的种种帮助。

结果，表面上两个相同地位的部门，实际上却被划分成了不同的等级，国内部门是一组真正有权力的部门，而国际部门却并没有相应的权力来直接影响其管理的下属职能部门。

其实，H公司的这种组织结构所产生的作用并非不可改变。如果能够将两个部门的总经理的岗位权力协调，同时，公司总部的核心管理层、财务部门和行政管理部门的负责人都能够配合他们的工作，那么，这样的组织结构依然能够得到均衡。但在H公司，这样的均衡并没有实现。

在H公司，工作计划流程并不是由公司总部制订的，而是由不同的部门各自制订的。国内部门的总经理制订其部门的工作计划，而国际部门的总经理也制订其部门计划，这两个部门所制订的计划各自相互独立，加上企业原有的组织结构带来的限制，导致了下属部门如生产、采购和技术研发部门的负责人常常被计划流程弄得无所适从。可问题是，当这些部门的管理者想要具体做出决策时，他们自然而然地会去征求国内部门总经理的意见，而由此导致的不平衡现象越来越严重，即整个公司谈不上有良好的战略规划，而国际部门在企业内部越来越被看成一个可有可无的部门。

为了公司的整体利益考虑，国内部门和国际部门的职能领域在分配企业的资源上显然存在过大的差别。而从根源上来看，这家公司的组织架构存在的问题影响了两个部门之间的平衡，也造成了企业内部平衡的缺失。想要改变这样的不平衡状态，企业必须要学会改变组织架构，从而重新得到应有的平衡状态。

再举个简单的例子，现已上市的某大型酒业集团10年前却陷入经营困境。该集团是国企；年销售5亿元；年亏损近3000万元。政府几次改制都没能成功。企业员工1937人，其中农民工357人，职工1580人。全国30个办事处。

经分析，该酒业在组织方面存在六大问题：

1. 组织管理出现发展“瓶颈”问题

管理能力低下，支撑力没有得到及时加强；部门之间、业务板块之间的协同效率经常出现“间歇性”障碍。

2. 法人治理结构问题

母子公司管理模式不够明确；集分权关系界定不清；各治理层级之间的责、权、利关系欠规范。

3. 组织运营效率问题

集团的有些职能部门设置不够科学、合理；职能部门的职能设置存在

错位、虚化、不规范现象；企业内部的交易成本过高。

4. 管理流程设计和执行问题

有些管理流程缺失或设计不够清晰；有些流程在执行过程中经常出现人为“短路”现象，组织之间的扯皮、推诿由此产生；有些流程缺乏有效反馈程序，反馈路径有时出现混乱。

5. 组织设置与战略匹配性问题

战略业务单元的设置有的不符合战略的要求；有些重要职能部门缺失。

6. 人治与组织制度冲突问题

管理制度不够完善；制度执行力不足；常规工作例外处理，可以通过制度规范的，仍以人治为主；“人情大于制度”的现象仍然不同程度地存在。

通过对该酒业现有组织结构的分析，并结合集团公司的发展战略、发展阶段和子公司的业务成长状况，笔者当时建议该酒业分别采用以下的管理模式，以保证整个公司的管理系统高效运行。

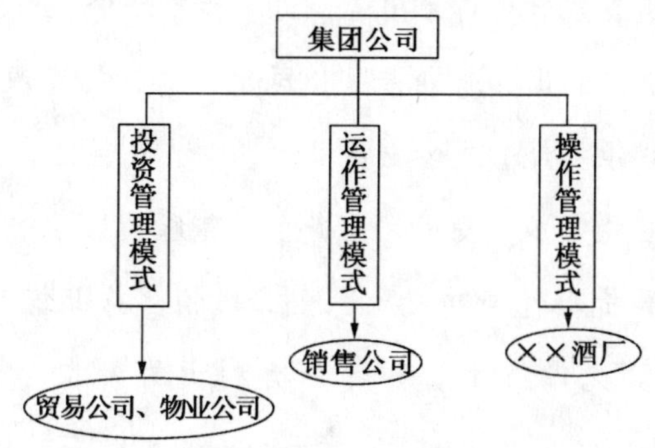

图 3－5　新的管理模式

随着改制计划的进行，以及各个子公司经营效益水平的提升，管理能力得到提高。该集团管理模式也会逐步向运作型管理模式和投资型管理模式过渡，以适应把每一块业务做强、做大的要求。

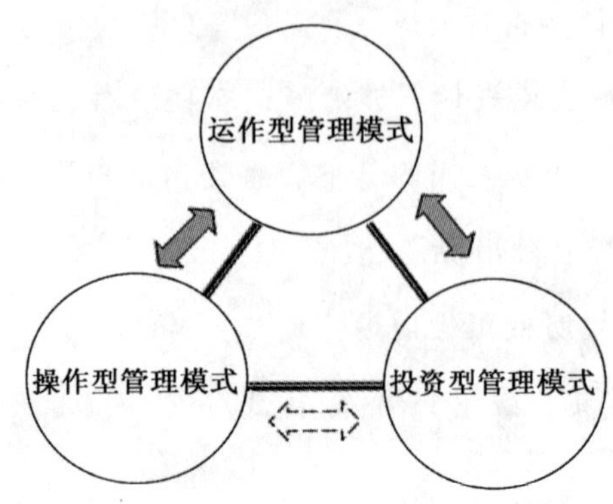

图3-6 运作模式的转变

另外，该集团具体的战略调整措施为：

彩印业务占据公司资源，成本比外购高出20%以上，不创新，为养工人而存在。剥离、承包经营或者带订单出售，订单为市场价。

塑料瓶盖车间设备投入大，原材料和成品、半成品占用大量库房和资金，成本比外购高出15%以上，多为临时工在工作，正式工不愿做此类工作。剥离、承包经营或者带订单出售，订单为市场价。

该酒业与大酒店剥离，长期占用公司水、电、气资源，致使生产成本加大，税负加大。承包经营或者出售，水、电、气独立。

国内营销办事处人多，费用大，资金回笼很慢很少，入不敷出，销售经理伙同经销商骗货事件多次发生。全部撤销，总部统管，重新甄选一、二、三级代理商。先做好本省和部分有利润的大省，其他的省份暂不发展。

物业公司，全体公司职工家庭长年占用公司水电气资源，致使生产成本加大，税负加大。剥离独立社会化，公司补贴职工。

实际上，对企业的组织架构进行分析相当重要，只有通过良好的分析，才能获得对企业组织架构的深刻认识，并在此基础上展开组织的设计

和革新。

1. 判断组织架构的优劣

企业家应该结合下面的原则判断企业组织架构是否优秀：指挥系统是否明确、沟通方式是否有效准确；企业内部命令是否统一；组织架构内各成员的权责、利益是否相互统一；是否有充分的集权和分权制度；是否足够精干和高效。

2. 确定组织架构的模式

企业家在对组织架构模式进行确定时，必须要学会根据情况任务、环境变化，对组织架构做出充分准确和及时的改变与调整；而企业的管理者也应该在对组织架构的调整上获得应有的自主权力。

3. 注重动态分析组织架构

对企业架构进行分析时，应当注重动态分析的原则。这是因为现代企业总是处于变化多端的经营环境中，需要面对不断发展的市场形势，因此，企业需要突破传统的原则，从而形成更具弹性、更有力的组织结构，并能够更加灵活机动地服务于企业。因而，对组织架构的分析，也要做到从动态角度出发，避免先入为主。

第四章　给组织以生命：流程建设与优化

企业放大镜：流程现状

> 即使在人类社会中还没有企业的时候，流程就存在于人类生活中了。无论是家庭主妇操持家务，还是艺术家创造作品，甚至只是儿童玩的角色扮演游戏，都有着各自特定的流程。简单地说，流程就是完成任何事情的应有顺序，通过这样的流程，人们完成的事情才会带来价值。
>
> ——效率革命智慧箴言

流程是普遍存在的，几乎无时无刻不体现于企业活动之中。很多人常常不解流程和制度的区别。制度是反映股东、公司、经营者、管理者、员工、客户、供应商、社会等相关利益者的利益，并保障实施的政策、规定、纪律等规范。流程是反映为客户（包括外部和内部）提供价值创造的过程。制度是为流程制定提供输入和保障，流程的优化会对制度提出优化与完善。

总之，流程是企业对内对外完成任何事情的工作过程，其目的是为了向企业客户提供应有价值的产品和服务。企业为了达到这样的目的所进行的不同的有序活动，就构成了一个业务流程。通过这些不同流程的综合运作，企业为客户创造出有效价值，并从中获得利润。因此，流程也可以看作成本的输入并转换，最后输出价值获取利润的过程。

例如，员工因公出差之后，需要对差旅费和住宿费进行报销，他们首先要做的是填写好报销单，并经过部门领导的审批、企业领导的审批之后，才能由会计做账并到出纳处获得现金报销。这就是企业中一个最常见的流程。当然，相对于这样的流程，企业内部有着许多更加复杂的流程，这些流程包括人力资源部门的人力资源管理流程、技术开发部门的开发流程、企业战略规划发展的流程、财务部门的财务管理流程等。

然而，目前阶段中，尽管流程的重要性越来越被人们所认可，但不少企业管理者在进行日常管理时，依然只是从职能部门入手，更多地注重科层化的管理，而并没有了解到业务流程的概念。这样，企业管理者过度重视“分工理论”，将企业内部的工作变成了断裂的一段段工作，用“各扫门前雪”来形容某些企业的流程现状并不为过。

在国内企业中，流程的现状存在着以下的问题：

1. 流程管理职能缺失，管理过程流于形式

不少企业管理者将流程管理看作一种口号进行提倡，企业内部虽然有了流程图和相应文件，但员工和领导依然在各自的工作岗位上按照各自职责进行工作，一旦遇到跨部门、跨业务的业务问题，就会在无形中产生隔阂，而试图运用不同的方法去费力地沟通解决。这样，流程的管理没有落到实处。职能缺失、流于表面的管理方式，是造成企业的管理成本浪费和组织运营效率低下的重要原因。

2. 流程没有明确的目标和驱动因素，落实具体实施层面困难

客观地说，流程在当下国内企业的实施确实会面临种种挑战。诸如：流程没有明确的目标和驱动因素，员工不知道做什么、怎么做，自然也就缺乏参与流程的积极性；流程管理部门的专业化程度不足，从一开始就没有充分重视流程目标，导致最终的目标设计和管理思路不清晰，工作缺乏驱动力。而匆忙中制订的目标往往缺乏合理性，导致流程的应用效果较差；流程始终位于制度以下，并没有起到应有的作用。

3. 流程绩效得不到重视

主要表现在，企业的管理者始终无法找到准确、科学、全面而有效的指标体系来管理流程绩效，更无法对流程产生的绩效进行真正的评估。加上企业运营现实中不少流程的绩效的确难以量化，而企业在采取其他评估方式时又缺乏相应手段保证结果能够符合客观事实。久而久之，企业的流程绩效就会长时间得不到重视，问题也得不到解决。

4. 流程管理、支持体系不足，信息化程度不够

由于企业的信息化管理水平不足，如制造企业等在员工素质、企业文化和具体技术上的限制，导致信息化系统的开发和应用存在障碍，因此直接导致了流程技术的应用和发展被制约。同时，不少国内企业还缺乏真正成熟开放的企业文化浸润，员工难以形成良好的职业化精神，也不利于导入流程的管理理念。

既然存在问题，企业就应该持续提升流程能力，支持规模化发展。

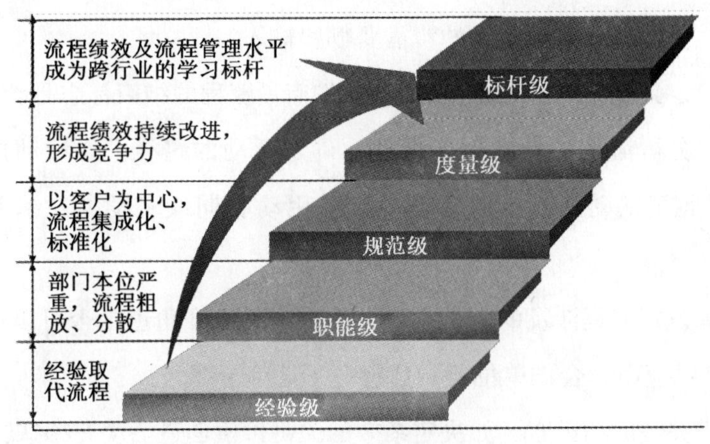

结构化、可视化的流程体系

要想提升流程能力，就要制定一个具体的流程规划体系。简单来说，就是系统梳理企业业务架构，描述企业价值创造的全过程，输出结构化、

可视化的流程全景图和流程清单。

通俗地说，即类似于画一张“企业作战地图”，“站在企业的制高点，可以看清楚企业的每一个角落”。这样才能建立流程能力持续提升的长效机制；提升组织价值创造能力；提升跨部门协同工作的效率；整体最优而不是局部最优，最终打造结构化的流程体系。

具体而言，规划流程的步骤可简单分为：组建流程规划团队；根据战略识别客户和产品；识别价值链及业务模式；创建企业级流程框架；创建业务域流程框架；创建业务模块流程框架；描述流程之间的协同关系；识别流程差异化设计需求及各类标准要求；识别核心价值要素；创建流程目录清单，确定优先级。

而在设计流程的过程中，要通过以下十个要素进行分析。

（1）想清楚流程的客户是谁？包括流程的显性客户和隐性客户。

（2）客户的需求是什么？客户期望什么样的服务？流程要实现的价值产出是什么？

（3）流程是如何被驱动的？需要哪些输入？

（4）定义流程的起始/终止活动，如衡量流程的结束标志是什么？

（5）分析流程的业务运作模式，确定活动的路径。如活动按时间排序；关注增值活动的设计；活动名称采用动名词或名动词；编上活动序号等。

（6）识别流程涉及的所有角色。什么是角色？角色是否可以包含外部的顾客、供应商、合作单位等。角色是不是等于部门？

（7）关键成功因素。如决定绩效的关键价值创造活动有哪些？

（8）关键控制点。如流程中应设置哪些控制风险的监控点？

（9）问题区域。如流程中哪些地方是异常频发区域？

针对问题（7）~（9），对以下影响绩效的关键活动进行模板化设计，减少流程的缺陷和返工。

关键活动的描述

关键活动	描　述
关键成功因素	对流程绩效有重大影响的关键生产性活动，圈在活动符上
关键控制点	基于风险监控的需求，需要进行决策的关键控制点，圈在决策活动符上
问题区域	经常出问题的活动，圈在活动符上

（10）全流程的测评指标，非部门内部的指标。

流程与战略、商业模式有什么关系

> 虽然流程的存在和其价值的发挥无法离开具体的操作过程、岗位和员工，但是，就此将流程看作细枝末节的工作累积是错误的。这意味着将流程完全“踢给”了企业中的执行层，甚至认为流程就是操作环节对工作的不断流转。显然，如此看待流程，等同于割裂了流程和整个组织之间的关系。
>
> ——效率革命智慧箴言

为什么说流程对于整个企业有重要的价值？这是因为流程本身是企业商业模式和战略的具体实施，是企业决策规划的作战表现。如果像一些企业人员那样，认为流程无非是按照顺序做好各自工作，并完成工作的交接，那么，流程就同看起来高远的战略发展模式毫无关系了。但事实显然并非如此。

一家国内的大型制造业企业，在成立后有着良性循环的不断发展，其具体的部门管理水平在行业内堪称一流。但是，企业的高层管理者发现，近年来这家企业开发生产的新产品只要上市后都难以跟上市场节拍，经常在客户试用之后就提出了一大堆问题，并最终放弃订单。

面对这样的问题，笔者曾经被企业邀请去调查分析，在相关的调研分析之后笔者发现，这家企业的新产品开发研究流程中总共涉及不同的三四个部门，从其每个部门的工作过程来观察研发流程，得出的结论是每个部门都在按照上级的规定进行工作，而且工作的态度和结果都算不错，但是，整个工作流程结束以后，新产品却依然不成功。

实际上，这种问题之所以会产生，来自于该企业没有将流程和企业的战略、商业模式相结合。

在整个工作流程中，不同部门对于企业究竟应该从战略上如何定义产品成功，有着不同的看法。然而遗憾的是，这些成功的标准都是不同部门管理者自己认定的理解，并没有真正在企业整体层面讨论交流和公开确定。而作为企业的高层管理者，当他们谈到新产品的成功时，所用的也只是较为概念化的描述方式，并不是流程上具体的量化要求。更为奇怪的是，对新产品是否成功的考核，绝大部分责任压在了营销部门，而对于其他部门的相关考核则只是“点到即止”，即使对营销部门的考核，也只是单纯以销量和利润来作为衡量标准。

进一步观察可以发现，新产品开发流程中之所以缺乏衡量标准，是因为企业内部不少部门本身对新产品开发战略的标准有着不同的理解。有的部门认为，新产品应该不断引入新的技术成分，满足客户新的需求，但也有部门认为，产品按照原有的技术水平就可以了，关键要从对其实用性的开发着手做起。这样，对战略和商业模式的模糊，造成了流程的混乱。

从上述案例中可以清楚地看出，在不少企业中，虽然不缺乏流程图、流程文件，但是，流程中不同的部门对于流程缺乏一致理念，而背后则是因为流程和战略结合过程中的脱节、偏移。其实，流程本身是战略执行过

程中的承上启下部分，当战略目标落实到了流程上，才能变得真正可以执行到位。

为此，企业应该从以下方向重新审视战略和商业模式同流程之间的关系：

1. 战略和商业模式的改变，并非依靠个人能力推进

由于中国企业的传统文化，常常有企业所有者、企业管理者希望依靠自身的能力和权力，对企业内部资源的调用，让相关部门和员工来开展工作，实现战略举措。然而，他们应该意识到，仅仅依靠企业家的力量，不足以消除企业中对于战略规划实现所可能出现的阻力，而企业领导个人的精力和时间也不容易做到完全确保对战略规划和商业模式的百分之百的正确理解。这样，一旦出现理解上的错误或者偏差，那么，企业的整体战略和商业模式就会受到严重影响，企业也将因此而失去商机，无法实现预定的市场目标。

2. 企业的战略规划和商业模式的建立，应该同业务流程的改变相适应

企业的管理层不应该仅仅重视战略的规划、商业模式的建立，而是应该在确立战略目标的同时，对企业的业务流程做出重新设计，从而确保企业中的不同部门和员工能够在日常工作中对流程不同环节的履行体现出企业的战略目标、商业模式，并将之转化为具体行动，再用流程中的行动来实现企业的战略目标。

3. 流程的革新也应以推动战略规划和商业模式的实现为目标

流程的革新，从流程本身来看，应该将高效和科学作为其运行的目标，从而提升流程运行的效率。同时，流程的革新也应该将推动战略目标的实现作为整体目标。为此，企业应该建立起和流程运行过程相匹配的组

织结构、岗位职责、管理权限和协调机制，从而确保流程运行的革新和改变能够真正促进战略规划和商业模式的实现。

流程与例行管理和例外管理

流程管理中，离不开例行管理。这是因为正确的例行管理，是指对一整套流程的设计和执行。同时，也包括管理者对流程中能够预料或经常发生，并具备很强规律性的事情进行管理。这说明，想要获得良好的流程管理效果，就应该重视例行管理。不仅如此，企业管理者还应该通过对例外管理的重视来做到更好地推进例行管理的效果。

——效率革命智慧箴言

在管理学发展到科学管理阶段，美国古典管理学家泰勒等人通过自己的大量工作试验，从不同角度获得了企业中工作环境条件、机器设备、工人操作等生产过程的流程管理问题。这些研究最终推进了例行管理概念的出现，并为之准备了客观依据。

所谓例行管理，就是按照工作的既有内在逻辑关系而对工作的活动确定，实现一系列的相互关联活动。通常来说，理性管理者要对执行者事先说明其工作活动的具体内容、操作方法和对应的运行规则、前后衔接的顺序等，甚至还可以解释例行管理的反馈机制。在完成这些工作之后，管理者应该将那些反复出现的例行工作编制成具体对应的工作程序，这样，在按照这些事先制定好的例行工作程序做完工作之后，执行的员工通常都能得到良好的效果。

例行管理，意味着对企业流程的固化。这样的固化实际上就是对企业

流程管理的一种优化方式。这是因为流程工作本身也是有阶段性的、可控制性的，只有通过应有的固化步骤，不断稳定对流程中关于革新和提升的成果，才能体现出企业流程的作用。

因此，企业管理者主要应该围绕工作项目的特点进行例行化，并围绕例行化的工作，制定出有效的工作流程，交给具有足够执行能力的基层员工去执行。

但是，一个企业内的工作不可能总是例行管理，当出现例外情况时，企业管理者必须有足够的智慧和勇气去进行例外管理。

中国古代曾经有这样的真实管理故事：

一位中央政府的宰相外出巡视，有人汇报说当地出现了杀人的刑事案件，已经被侦破，他没有过问。后来，他发现一头牛在农田边上不断喘气，于是下令立即停下来进行调查和分析。随从者感到奇怪，于是宰相解释说，“地方有刑事案件，自然由地方官吏负责，不需要我去过问，但是牛异常喘气，有可能是发生瘟疫的可能，这种事情地方官吏很可能没有发现，因此我要调查清楚。”

在企业中，例行管理和例外管理的关系也和这个故事所揭示的道理一样——不少事情已经纳入流程，成为了例行管理的内容，由专门的部门机构和员工去完成处理，作为领导，完全可以让下属去解决，而那些还处在流程之外的例外情况，由于缺乏足够的流程化、制度化保证，很容易导致管理范围上的模糊，例如工作上的相互推诿、权责上的交叉模糊，导致一些工作没有人去负责，并最终给企业带来损失。

因此，重视例外管理，并将例外管理同例行管理结合起来，形成流程化的整体管理体系，就显得尤为重要了。具体来说，包括以下工作方法：

1. 清醒地认识到例行管理和例外管理的区别和联系

例行管理和例外管理在具体的工作内容上很可能并没有多少差别，用来区别的是其工作是否获得了流程化的管理。例行管理通常是已经被包含在流程制度中的工作，而后者则是较为重大的事情，抑或是暂时还没有被纳入流程的工作问题。

但是，这样的区别并非意味着例行管理和例外管理就是绝对矛盾的，这是因为在流程管理范围的扩大过程中，例行管理和例外管理的边界并非完全割裂，在一定条件下，例外管理可以通过管理者对事件的了解、熟悉，对管理方法的归纳和总结，对采取措施的分解和落实，通过管理方法的流程化而成为例行管理。

2. 例行管理需要有流程化作为支持

例外管理的前提是例行管理已经得到了良好的实施，而例行管理的基础则是管理者能够将企业内例行的工作予以放权，交给下属去做。这就意味着下属会获得更多机会、更多空间，并得到更多的信任来应对这些工作事件。但管理者为了保证这些事情能够很好地完成，必须首先建立起对这些事件正确处置的流程，同时将这些流程赋予下属，培养其他们按照流程工作的意识和能力。这样，例行管理才能获得成功。因此，流程化无论是对于例行管理还是例外管理都是很重要的。

3. 贯彻例外管理工作的原则

在推进例外管理之前，首先应该对任何工作进行以下价值判断：能否取消；能否合并；有没有更简单的办法。在这样的评价原则下，确认具体要做的工作应该具体由谁去完成，谁来提供资料，如何工作，工作的程度、时限和转交顺序。这样，整个例行管理将通过业务流程图的标准化而得以建立。不同的流程衔接起来，构成了企业的全部工作体系，在这个工作体系之间，管理者发现问题并予以解决，这样，例外管理才能够得以实施。

本位主义与流程链的矛盾

> 当本位主义出现之后，企业内部便出现了不同的阻碍。这些阻碍导致员工之间的信息传递和工作交流受到破坏，而整个企业的组织结构开始变得臃肿不堪，导致管理混乱。因此，本位主义的发展必然会让流程链不堪重负，失去应有效果。而解决本位主义，是推进流程工作发展的重要契机。
>
> ——效率革命智慧箴言

在管理咨询工作中，我们常常形象地将“本位主义”这一流程所面对的天敌描述为“部门墙”。在部门和部门之间，工作的交接、信息的沟通，必须要绕过这些墙才能得以推进，这导致企业的利益从中受损。

通常来说，本位主义的表现分为两种：企业内部中部门之间的本位主义；员工之间的本位主义。前者主要表现为不同的部门在企业中形成了具体的独立系统，将部门利益看得高于企业利益；而后者主要表现为员工之间缺乏应有的信任和交流，思想上无法跟上部门和企业，相互推卸责任并导致工作效率低下。

在下面的案例中，本位主义对企业流程链的破坏力可见一斑。

在我做过的咨询工作中，曾经因为意外而发现了这样的问题：当企业营销部门的工作人员向客户催要货款时，他们需要拿到企业开出的发票，客户的财务部门才会付款。然而，当这些员工回到企业想要获得发票时，该企业的财务部门又会告知他们，根据我们的财务制度，应该是客户先付款，我们才能开出发票。为此，不少营销部门员工只好在两者中任选一方进行“私人关系”得以沟通协调，最终才得以按时收回货款。而正因为这样的结果，这种问题居然长时间没有被发现而得到很好的掩盖，但营销人员在其中付出的时间和精力、对企业制度违反所带来的风险，则令人对这样的本位主义感到扼腕叹息。

实际上，解决这样的问题并不困难。营销部门的管理者应该将问题向营销总监或者分管副总经理反映，而财务部门的经理也应该向财务总监或分管副总经理反映。如果形成了这样的沟通流程，问题就会很快被发现并得到解决。而正因为该企业没有这样的流程，因此，问题始终被搁置一边，成为了迟迟无法解决的“部门墙”，并妨碍了企业的发展。

其实，每个部门都或多或少地存在本位主义，而大企业的本位主义表现得尤其严重。这是因为当企业刚刚发展时，员工数量较少、部门构成较为简单，企业的信息能得到充分共享，而整体业务的执行效率也非常高，因此，本位主义尚未显现。当企业的规模扩大，业务复杂程度加强之后，部门之间很可能存在未能划分清楚的职责，员工之间的形态也开始发生改变，于是本位主义就开始慢慢滋生并显现。

打破“部门墙”、解决本位主义的负面影响，需要重新整合和树立流程链条。这样才能为企业的发展减轻内部的损耗。

1. 流程切入，减弱“部门墙”

企业管理者应该对企业业务的流程链条进行重新观察、整理，梳理工作在不同部门之间流动的顺序、时间和过程，明确这些工作给不同部门带来的工作利益和工作压力，从而有选择地对流程链条中的某些环节进行增减、合并或者分解，让各个部门在流程中担任的角色尽量平衡，从而有效减弱“部门墙”的阻碍作用。

2. 员工培训，提高流程意识

员工是导致本位主义的重要原因，因此，企业对员工的管理应该注重以人为本，提出同员工之间的充分交流，减少他们对个人利益的过度关注。通过对员工进行流程理念的培训，确保员工重视流程链条上自己扮演的角色，并认识到本位主义部门墙所产生的危害，提高员工的思想认识水平。

3. 推进流程链条的重组

本位主义产生部门墙的重要原因，往往是因为流程链条不够顺畅，导致管理混乱。而解决该问题的重要手段在于流程重组。在流程重组过程中，高层管理者必须亲自参与，聘请专门人员或者专家，从管理诊断工作入手，对流程进行系统设计，同时制定规则、明确权力和责任，进行强力实施。在流程重组过程中，必须要压制那些本位主义意识较强的部门，不允许其因为部门利益或个人利益出现对新流程链条的抗拒。

流程建设的导向

无论企业的规模大小、建立的时间长短，对完整的流程体系建设是必需的。尤其对于新成立的公司来说，创业时期是否明确了流程建设的导向，是成功的关键因素。通过建立企业不同环节的流程，并通过流程来搭建企业不同环节之间的桥梁，架构其和战略相对等的组织框架，才能确保企业内部的沟通顺畅，从而将企业内外的信息和资源在每个员工、每个部门之间合理共享。而想要获得这样的结果，企业的流程建设必须要有重要的导向作为支撑。

——效率革命智慧箴言

对于绝大多数企业来说，想要建立有效的业务流程体系，首先要对企业内部员工的沟通和工作方式进行改变，也是对他们价值观念的塑造。更为深远的影响，则在于流程的建设能够对企业的效益带来直接影响。当流程结构合理时，员工工作符合企业的利益和发展方向；反之，流程不合理，即使员工忙忙碌碌，也难以带来收获。

在流程建设的过程中，企业管理者最基础的工作是对战略目标进行有效的分解，并将企业面临的竞争压力和由此产生的前进动力传递到基层。一旦这些压力和动力无法传递，企业的流程管理就会出现问题。因此，企业必须要围绕业务为中心来对流程进行建设，根据企业的现状以及战略远景目标，对员工和资源进行整合，形成以业绩为导向的流程建设方法，并激发整个组织朝向一流的业绩进行挑战。

一家生产制造型企业是这样围绕业务进行流程建设工作的：

该企业原本是行业中的领军角色，但随着行业中后起之秀的竞争力加强，其市场份额开始被其他竞争者抢占。而为了让企业获得更多发展优势，该企业的管理者计划对管理费用和行政开支进行控制和削减。

例如，位于华北的该企业分公司，有将近60%以上的零部件需要从供应商那里购买，这样，应付账款的管理部门有将近40名员工。最初，通过业务处理程序合理化、对信息系统的使用，该制造厂将员工数量削减到35人左右。但和位于华南的分公司相比，差距依然颇大——后者做同样工作的员工只需要5个人。为此，该企业决定对华北公司进行流程重建。

在流程进行重建之前，华北分公司的应付账款部门工作流程是这样的：接收从采购部门送来的采购订单副本、接收从仓库发来的收货单、接受供应商的发票，然后对三类票据进行对比核实，查看其中共14项数据是否符合。而这样的流程导致大量时间花费在对数据的核对上。但在流程重建之后，该部门不再需要发票，需要核实的数据从原来的14项缩减到最主

要的 3 项。对信息系统的利用，也大大提高了员工的工作效率，只需要将采购订单和收货确认信息输入系统之后，就能由计算机进行数据匹配。

通过这样的流程建设，该部门的员工数量大大减少，缩减到了原来的 25% 左右，既提高了工作效率，也减少了工作成本。

从上述案例中可以看出，流程建设并非只是面对某个单一部门或者岗位的改革，而是面向整个企业的业务提升。正确的流程建设应该将注意力放在对业务的提升上，处理好流程的诸多技术细节，并管理、执行和实现。

在流程建设中，通过下面的方法，能够做到正确导向。

1. 依靠对流程行之有效的管理方法

企业想要对流程体系进行建设，面对的是诸多的变革目标，而想要实现这些变革目标并为企业的业绩提升作出贡献，就需要充分确立流程建设的规范，并能够围绕流程建设形成行之有效的管理方法。这样，才能在明确的战略方向对建设的支持下，确保流程始终按照业务导向进行。

2. 根据企业的发展阶段来发挥业务导向的作用

在企业的不同发展阶段，业务导向能够发挥对流程建设的不同导向作用。例如，在企业发展到积极参与市场竞争阶段过程时，将财务业务作为流程建设导向，能够增强流程中员工的业务能力，改善其工作态度，同时迅速形成企业资源共享的平台，使得企业在业务的各个表现方面获得显著而持续的进步。

3. 发挥业务导向需要有管理者的亲身参与

在企业按照业务导向对流程进行建设的过程中，管理者应该亲自投身参与。对业务建设进行设计的管理者应该充分熟悉业务，具备丰富的经验，能够明确企业业务的未来发展方向。同时，业务为导向的流程建设需要的是长期过程，而管理者必须要有持续的恒心和毅力来解决企业面临的问题，而不应该过于期待“毕其功于一役”。

流程链建设对组织产生的影响力

> 从表面上看，实现企业生产运营的活动，是企业组织通过职能化、部门化来实现的。但实际上，组织中的任何一个部门都无法做到单独持续地对组织效率提升作出贡献。只有通过流程链条的建设，形成一条条不同的线索，将组织中不同职能部门、不同职务员工有效链接，才能共同为组织作出贡献，并为客户提供相关的产品和服务。
>
> ——效率革命智慧箴言

对企业中的组织链建设，至少能够在下列方面对企业组织产生应有的影响力：首先，组织链条的建设能有效提高客户的满意程度。对链条进行充分建设后，精简、高效、便捷的工作流程确保了组织能够有效为企业的内外客户提供其所需要的产品和服务；其次，组织竞争优势能够从企业不断地分析和优化流程并进行持续改进中获得，从而确保组织在对内的效率和对外的有效性方面，产生比竞争对手更强的优势。

分析流程链建设，可以看出，流程建设是关于组织内部工作流程的建设，也可以将之细分为业务流程、规章制度和组织内部的建设。通过建设流程链，组织在新的形势下能够获得对新问题解决的新方法，例如，建立新的工作环节、成立新的部门、制定新的规章制度等。

对于企业来说，这是发展到一定阶段所必须要采取的竞争手段。例如，从国外经验来看，一些生产制造型企业在发展中建立起品种部制度，

将同类产品的不同生产线纳入同一个生产流程中进行统一管理、采购和营销，这样，整个企业的组织效能得到了开发、潜力得到了提升，组织的竞争力也获得了最大化。

国内一家酒店曾经围绕流程链的建设作出了管理上的创新，并因此而得到了组织效益的提升。

位于风景区的F酒店，是当地对外高层接待的重要窗口，不少重要的商务会议、政府会议都在此召开。

某次部门经理会议上，客房部经理提出，虽然该酒店秉承对客户尊重的服务理念，但酒店业面向社会客户，其中一些消费者常常无理指责甚至谩骂员工，但按照规定员工却只能忍受而不能争辩。显然，这样的情况很容易导致员工在其工作岗位上遭受委屈，影响其工作积极性，破坏组织的整体效率。

根据客房部经理的提议，该酒店经过讨论之后，由老总亲自决定对员工考核的流程进行修改。至此一个新的奖励项目诞生，名为“委屈奖”，即在员工具体服务过程中，如果因客人的问题而导致遭受委屈误解，就会得到相应的奖金。此后，这家酒店的员工考核流程链得到了合理的补充，而整个组织效率也有了相应的提升。

可见，对流程链条的建设，看起来可能只是对具体细节的重建、增减，但带给组织的效益却是可观的。为此，企业人应该学会从以下角度去看待流程链建设。

1. 流程建设应推进管理负责制度

对流程链条的建设，将会起到推进管理负责制度的作用。在建设中，原先不同的工作合并并产生流程的负责者，而流程的负责者并非取代部门经理，而是在组织中成为一个横向的负责角色，所以更像是组织内部的一个协调员角色，负责对不同部门员工的工作进行指导、训练，以确保组织内部的沟通更加顺畅自如。

2. 流程建设将赋予基层工作者更大动力

流程链建设强调企业对业务流程的管理，从而提高对客户和市场的反应能力。同时，对流程链的建设，也强调了提高执行层面员工的素质，并强调团队的合作精神。这样，基层工作者将会产生更大动力来为组织服务。

3. 有效推进组织结构扁平化和柔性化

由于流程链建设和分工理论有所不同，流程更看重组织的扁平化和柔性化。因此，流程链建设强调对流程设计后，再根据实际需要对企业组织进行建立，尽量消除其中的环节。这样，组织的扁平化和柔性化就得到推进，管理费用和行政成本得以降低，而组织的运转速度和对市场的反应速度也得到了相应的提高。

如何缩短流程中的运行周期

流程是工作运行的系统，而工作运行需要具体的时间和周期。在确保流程工作质量的前提下，企业管理者应该想方设法压缩流程的运行周期，通过这样的压缩，流程运行将会变得更有效率，获得更高的投入和产出比。

——效率革命智慧箴言

不少企业家都在咨询过程中向笔者抱怨，说市场环境很不好，而企业本身的竞争力增长也相当缓慢。其他不说，仅仅是工作节奏就经常让人感

到担忧，企业的运转速度始终是“老牛拉破车”那样走走停停，看起来不堪重负。

应该承认，这样的问题并非特例，在许多企业中，都曾经因为流程运行周期太长而导致组织效率下降。但是，又有多少企业管理者想到这些问题和自身的关系？

不妨看看下面的流程运行周期是怎样对企业的组织效率产生负面影响的。

某家制造型企业鉴于市场内某同行企业发生了质量事故，造成了不合格产品流入客户手中，带来很大损失。因此，企业管理者专门作出规定，要求在原材料进入企业后，必须做严格检查测试，确保能够用于生产。于是，品质检测部门为严格保障，非常尽责地对原材料检验，经常要经过三四天乃至一周的时间才能得出结果。而按照流程规定，制造部门的负责人也必须要在拿到检测结果后，才能批准生产，这样，显然占用了太多制造流程的生产时间。制造部门为此感到压力很大，其既要面对业务部门的不断催促，也要在品质检测部门的严格检验之后才能开始工作，让制造部门感到难以为继。

这种流程情况，显然站在不同部门的立场上来看并没有太多问题，但站在企业的整体立场上来看，流程的运行周期被忽视了，为了追求品质而影响了整体的组织效率。其实，这种问题并非无法解决：公司应该要求品质检测部门对原材料的监控进行适当迁移，例如，派出技术力量，到供应商处进行品质控制，或者要求供应商对供应链积极管理，对品质系统的稳定性进行保证，并通过预防来控制品质因素。这样，当原材料进入企业后，就能够做到提升检测速度，从而缩短整个制造流程的周期，企业的利润也能因此而得到相应提升了。

想要做到缩短流程周期，企业管理者应该在以下几个方面努力。

1. 适当放松对流程的控制

流程需要控制，但控制是为了确保流程的通畅，而并非一味地盲目控制。这是因为控制的越多，流程运行的周期就可能会越长。因此，企业管理者应该充分信任流程执行者和操作者，并抓住流程中的重点环节进行控制，而对非重点环节适当放松。

2. 建立简捷的平台

在企业中，是否有良好的流程操作平台，影响着组织内部流程的运行速度。为了缩短流程周期，企业管理者应该为不同的流程创造良好的操作环境，包括组织结构、企业制度、企业文化等，确保流程能够在适当的平台上通行顺畅。

3. 加强资源的配置

想要让组织中的流程周期能够有效缩短，企业管理者应该协调不同部门，保证流程中各部分所需要的资源。当适合的人力资源、物力资源、技术资源都能及时到位后，流程的运转将会从中受益，并能够确保组织更好更快地投入工作。

如何降低流程中的运行成本

企业必须利用科学合理的资源使用策略和发展策略，加强对流程中的成本资源进行内部管理，从而降低流程运行所带来的成本消耗。为此，企业在管理成本的同时，也应该看到流程管理在其过程中发挥的重要性。

——效率革命智慧箴言

当流程链的建设达到阶段性之后，实施流程的运行成本降低工作，成为了维持流程稳定性和持续增长性的最重要保障。这是因为良好的流程链会因为运行成本的过多支出，而产生较多的内部损耗，甚至从根本上破坏流程的继续运行，也会导致流程链重建的过程。因此，降低流程中运行成本的浪费，要从挖掘流程中工作者的潜能、实施自主管理等方面入手。

而在实际工作中，不少管理者为了做好流程的控制，常常设置了过多的荣誉沟通，导致流程的对接环节变得更加复杂，不仅限制了流程中员工的工作自主性、破坏了流程的顺畅性，也耗费了大量的流程管理成本。

对流程运行的成本控制，才能让流程逐渐走向高效。

为了确保作业流程运行的成本受到精确控制，T公司采取了从后道工序到前道工序来领取原材料的流程运行方法。这种运行方法和传统运行方法相反，但却有效地将供应环节和生产环节同步衔接，并确保流程的运行能够合理减少原料成本，并将管理成本、时间成本减少到最低。

同样，在该企业的自动化工序流程设计上，流程中机器自动进行加工，新老机器都装上了自动停止的装置，这样，一旦发生了流程中的特殊情况，机器就会感觉到异常，并迅速停止工作。这样的自动化流程运作方法不仅使用在机器上，还扩大到一线装配工人的具体操作流水线上。这样，在具体的生产制造流程中，不论是人或者是机器，一旦发生异常流水线就会即刻停止工作，避免资源的浪费。

通过这样的流程运作方式，T公司实现了流程中员工的自主化管理，并因此而降低了流程的运行成本。

在对企业生产流程的管理中，管理者应该时刻注意对成本的控制和对流程质量的保障，并通过下面的工作实现这样的目的。

1. 充分利用人力资源

管理者应该鼓励流程的执行人员提出合理建议，从而对作业流程进行持续积极的改善。同时，在流程管理中，培养员工的多样工作技能，从而对工作流程灵活设计和及时调整，确保人力资源的使用效率得到提高，并减少人力资源的成本支出。

2. 对流程中的环节改善

相关调查显示，流程中成本的浪费，大都是人员、机器、物料、时间等方面造成的。因此，管理者应该分析观察流程，并对其中的环节进行改善，让员工能够更加科学地作业、更加合理地利用流程的资源，减少成本的浪费。

3. 建立流程内部的沟通协调机制

应该建立良好的汇报、上报机制，并不断提高员工的沟通技巧，协调员工在不同流程中的工作位置，做到及时补位，避免因为沟通协调机制不通畅而造成的误解，带来配合上的不利，造成成本上的损耗。

如何提高流程中的评审效率

> 建立一个能够持续有效并可以量化的评审体系，能够有效提高对流程的评审效率。这是因为流程链是否可以很好地运作，同企业对其给出怎样的评审、如何给出这些评审有着重要联系。一个良好的评审体系，能够保障流程链的成功。
>
> ——**效率革命智慧箴言**

企业管理者需要看到，目前在企业流程链的管理中，存在较大的随意

性。一些明明有问题的流程链不得不因为管理者的要求而继续进行，而另一些可以继续良好运行的流程链却也因为同样原因而被迫修改。从根源上来看，这是因为流程链缺乏一套稳定、有效的评审体系，对流程的评审难以从效率上得到应有的改善。

对于企业组织来说，想要从企业的工作流程的改善中获得收益，就需要对流程及时准确地评审，从而对流程中的环节按照评审所给出的建议进行改进和提高。而对流程进行高效评审，应该遵循下面三个原则：一是全局性，即评审流程的指标体系，应该能够反映出流程的整体情况而不是单一情况；二是在评审中应该注意到定性和定量的结合，即通过定量的指标来加强流程评审的效率；三是目的性，即在不同企业和部门的不同流程评审过程中，流程的指标应当根据其不同的工作环节作出不同的权重系数安排。

围绕财务部门的相关流程重点和关键环节，某企业的管理者进行逐条梳理，加快了对流程评审的效率。

首先，该企业的管理者在财务部门的工作流程关键控制点上进行了专门的控制指标设置，这些指标分别监控不同的具体工作，增强了监控的针对性。

其次，在流程的处理过程中，财务部门的领导和企业的高层领导随时可以通过流程的追踪体系，对整个流程进行相应监控，通过流程中的下一个节点发现前一个节点的错误，并退回流程进行修改工作。

最后，对于可能出现的任何流程错误进行及时总结，总共梳理出上百个可能的过错项目并分类，形成不同的级次和类别，强化于工作流程的体系中。这样，能够提前强化流程的相应工作环节，并加强考核的效果。

通过这一系列对评估效率提高的措施，工作流程得到了有效简化，而其中出现问题的概率也明显下降。

1. 对流程的评审应抓住联系

企业管理者对于流程的评审，应该做到充分考虑流程本身的特点，而并非对某个小问题进行分析和思考。应当分析其问题的根源性，并发现问题产生同流程前后工作顺序的联系，这样，才能提高评审的效果，迅速抓住问题的核心。

2. 建立完整的评审指标体系

企业应该遵循流程评审的原则，提出合理的指标体系来对流程进行评审。流程评审体系主要包括流程成本高低、流程的有效性、流程的效率、流程的柔性和流程带给客户的满意度。

3. 对流程的描述应当规范合理

在对流程进行评审之前，管理者应当利用科学、合理的符号来对流程进行描述。这样，就能够将原来可能并不清晰的流程转变，形成可以复制、传播和用来直观解读的文本资料。这些用于描述流程的符号应当做到恰当设计、准确管理，从而保证流程能够被正确描述，并因此促进流程的评审效率。

如何减少流程中的返工和缺陷

在一个较长的工作流程中，不适当的工作环节、错误的工作机制都会使得问题在出现之后无法得到有效的解决，而在产生了相当危害的情况下才会被发现。因此，对流程链的建设和管理需要重视其中产品的返工和缺陷的情况，并做到从根源上消除其返工和缺陷。

——效率革命智慧箴言

流程在运行中，必须不断进行质量的改进，减少流程运行而产生的返工和缺陷。这样，流程才能适应企业内外部环境的变化，并满足企业不断竞争发展的需求。因此，流程在完成设计和搭建之后，即使正式投入使用能够获得产出，也并不代表流程管理者就能够一劳永逸。与此相反，流程的设计和运作是持续的，必须不断对流程中发现的问题进行解决，从而减少流程中可能出现的质量问题。

如果用精细化生产管理来定义流程的改进，那么，这样的改进就是寻找出流程中的浪费化解、使用流程管理者应有的智慧，从而做到低成本而高效率地排除流程中的问题。这是因为在企业的不同流程中，往往真正具有增值部分的内容只占到流程的一部分，而其他部分虽然消耗了资源，却没有带来增值的内容。其中包括流程中完全没有必要的活动，如返工、返修或者等待工作任务，还包括并没有真正起到增值的工作活动，如不必要的搬运工作、检验工作和交接班工作等。

在那些流程中缺少必要检验而有着过多的缺陷的企业中，很难生产出低成本而高质量的产品。这是因为流程环节的整理和整顿，同流程结果的质量和成本有着密切关系。因此，流程效果如何，作为管理者应该深入流程内部检查检验，并得到基本的了解。

例如，某公司生产不同的家电产品，其中一款家电原来由 20 个零件组成，但管理者及时告知设计工程师零件数量是流程中的成本动因，减少零件数量能够很好地降低成本，减少问题。于是设计工程师更改了这款产品的结构，使得其由 8 个零件组成。这样，流程中可能产生的返工、缺陷等问题得到降低。

除此之外，流程中产生的返工和缺陷问题，也有可能包括下面的问题，如战略制定时存在的导向问题、组织结构对流程运行的影响、管理模式存在的问题、资源状况支持不足的问题。综上所述，流程中可能出现的缺陷情况，来自于多方面因素的制约影响，只有先明确问题的来源，才能确保对流程进行改进，否则将会产生混乱。同时，企业在组织结构、规章制度和资源配置上也应该保证。

可以采用以下方法找出流程中导致缺陷的问题原因。

1. 流程图方法

利用流程图，简单明确地说明流程中所包含的任务及其关系、找到流程中容易产生停顿的环节，如交接、检查、运输等。这样，就能够对照流程图意义分析，并找出问题的所在。

2. NVA 分析方法

NVA 分析方法，通过将流程分为非增值、增值和浪费三种活动进行具体的分析，清楚地表明在企业的流程中具体占据的比例。通过对这些活动进行具体的分析，才能找到企业流程中存在的问题，从而制订出对这些问题切实可行的改进方案。

3. 5W1H 分析法

这种方法是对流程中选定的项目、工序或者具体的操作步骤，分别从对象、目标、时间、地点、员工和方法六个方面提出问题，并对这些问题分别进行思考和分析。

总之，找出流程中问题的病因，才是对企业实施流程改进的重要前提，企业应该根据自身的实际情况来选择合适的流程环节，对其中不同的工作方法进行综合改善，从而达到最佳的流程效果。

如何优化流程中的客户接触点

> 在企业优化流程的过程中，应该结合以客户为中心的战略理念，围绕客户的定位来改变流程。为此，企业家应该对流程中每一个可能的客户接触点进行积极管理和维护。通过优化流程中的客户接触点，能够积极发现客户的需求、反映客户的意见和建议，并进而建立起与客户关系牢固的立足点。因此，客户接触点的优化对企业而言刻不容缓。
>
> **——效率革命智慧箴言**

不少企业管理者在对流程进行优化的同时，常常忽视了将流程优化同客户定位、客户关系的管理结合。这就导致企业在对客户关系影响的工作中感到茫然无绪而难以开展工作，在优化流程的工作时，又往往缺少相应的具体工作目标。究其原因，是因为这些企业的管理者大都没有从企业流程优化角度来观察公司同客户之间关系的现状，也没有从流程的角度来看待企业是怎样影响客户关系的。综合起来看，企业管理者没有将自身同客户接触点进行流程层面的完整而系统的分析、集成和共享。这就导致了客户接触点优化工作缺乏足够的动力。

其实，想要对流程中和客户的接触点进行积极的管理优化，企业管理者应该真正深入分析流程，弄清目标客户群的所有接触流程。应该说，所有接触产品的过程，都是流程中客户接触点的重要环节。例如，购买电脑的客户，也许是看了具体的电视广告，或者看了权威的行业分析，或者是听熟人介绍等；购买日用消费品的客户，也许是在超市中参加了减价活动，又或者是听从同事的推荐等。绝大多数的客户，都必然通过一定的接触环节来对企业的产品进行接触、考虑和购买。因此，对于企业来说，第一步就应该列出企业中哪些流程能够影响客户对产品的购买和使用。

在列出这些流程的清单之后，企业管理者应该找出在这些接触点的哪些环节上能够引发消费者对产品的接受和联想。一般情况下，可以通过深入的内部讨论，找出目标客户印象最深的接触环节，或者是不同客户所共同确认的接触环节，并接触相应的问题。当然，这些环节还包括工作流程中最容易影响客户购买决策的环节、最能够影响潜在客户是否能够获得足够信息的接触环节等。

结合这样的认识，企业想要在流程中做到优化客户接触点，应该注意以下三点。

1. 加深流程参与者对客户接触点的认识

想要让企业流程涉及业务不同端口的部门和员工能够真正明白客户接触工作的设计与实施，需要从具体的客户接触点开始，认识和分析客户接触点有着怎样的复杂性和多样性。并进一步召集流程中不同部门、不同员工进行沟通分析，考虑在流程中会有哪些接触点可能导致客户的流失。通过这样的过程，流程参与者对客户接触点的认识得到有效加深。

2. 在流程优化中，最重要的优化是对客户接触点增加集成度并共享数据

对于客户而言，任何能够接触到他的部门都意味着整体企业。因此，企业管理者必须要对客户接触点充分的集成和共享，避免因为不同职能部门的区别，而出现接触点中的交叉、重复、错误和矛盾。

3. 流程管理者要转变为接触型管理者

在真正做好了对客户接触点管理的流程中，流程管理者随处可见，他们经常深入不同环节去考察客户的接触效果。这种工作角色的转变，显然超过了传统意义上领导者利用个人决策力量去引导流程，而是带领流程执

行者接触客户并改变为客户的服务关系和质量。

优化企业的流程

E 公司是福建省一家知名的房地产开发公司，成立于 1998 年，有员工 120 多人。目前业务发展情况较为顺利。但是，随着企业规模不断扩大，公司的高层意识到，原有的公司管理流程跟不上形势的发展，根据战略规划的要求，为了实现公司可持续发展并迅速提高核心竞争力，公司决定开始对企业的流程进行优化。

根据前期对流程的诊断发现，该企业存在以下关键性问题：

企业流程中不同部门之间的工作沟通存在障碍，企业内部控制缺乏制度化和规范化；员工在观念和认识上跟不上企业流程的发展和变化，而企业对员工进行的培训方向并不明确；员工上升通道较窄，这导致了流程中企业凝聚力受到影响，员工的积极性受到打压；企业在考核流程中的惩罚措施多于奖励措施。

根据上述问题，该企业通过咨询团队，形成了以下对流程的解决方案。

（1）通过对企业的经营运行流程的详细调查，结合企业现状和发展特点，提出了流程解决的方案。

（2）重新设计企业的组织架构，进行企业内部的部门调整，完成了适合新的工作流程、组织架构的员工岗位编制，并进行了对岗位的全面分析描述，对流程中不同部门的职责进行了重新界定，编写了相关领导的职务说明书。

（3）设计了将关键绩效作为指标核心的绩效考核体系，通过将这样的考核体系制度化，保证了有效的实施。

(4) 该企业还制定了有效激励的公平薪酬政策，全面调整了薪酬的结构。

(5) 补充完善了有关的人力资源制度，包括对员工的招聘、管理、入职、得试用、培训、晋升等。

为了做好对流程的优化，该公司还进行了一系列的培训和服务，包括对相关管理理念、工作知识和技能的培训，从而为流程的优化提供了充分保证。

通过对流程的优化，该企业理顺了内部的管理体系，部门之间开始充分协调和沟通，流程工作效率得到明显提高。

值得注意的是，企业的流程优化主要是着眼于目前，是将企业目前的流程运作作为一定的基础进行调整和优化，而进一步对流程进行管理，则可以将流程进行再造。因此，流程应该拥有持续的改善机制，并能够确保对流程的运行效果做出及时评估，从而支持这样的优化和再造。

第五章　提升组织的敏感度：信息化建设

信息化对组织管控的影响

> 随着中国企业管理信息化的逐渐深入，企业组织管理的信息化将会成为企业信息化领域的重点。由此，中国的企业人应该对信息化有更加深入的认识，并积极为企业的信息化出谋划策，从而促进信息化对组织管控产生良好的影响。
>
> ——效率革命智慧箴言

信息化，不仅使整个经济领域发生了根本性的革新，同时对政治、经济、社会、文化、生活等诸多方面带来了巨大影响。同时，对于企业的组织管控变革也有着充分的影响。早在20世纪50年代，著名的管理学者迈克·卢恩就指出，任何技术都会推动人类新环境的产生和创造。而从历史上观察，每一种技术革命都会引发社会和组织的管理变革。

信息化对于组织管控的推动，主要表现在以下内容上。

企业信息化使得整个组织结构的管理层次有效减少，将下级对上级负责的特点，转换成为上下级都对客户负责；将企业的组织结构从橄榄形状向哑铃形状改变，并进行新业务流程的组合。

企业信息化通过建立柔性制造、敏捷制造和实时制造等信息化系统，可以提高产品在流程中的设计与制造速度，从而满足员工的不同需求。

企业信息化能够通过信息化系统引入供应链管理系统，从而间接做到对成本的降低、对库存的减少、对资金流转速度的增加，同时，使得合作者、企业和顾客三方面的信息沟通得到有效增强。

企业信息化能够通过网络，对用户信息以数据库的技术分析，从而确保企业对顾客的需要有真正的了解。

信息化还能够利用组织行为技术，在网络上建立专家系统，从而充分实现企业的信息、知识和经验的集合共享，从而迅速提高组织内部的协同工作能力，并推进团队的合作，为企业的高层决策提供应有的知识基础。

综上所述，企业的信息化是对企业组织管控从观念上进行的变革，是对企业管理本身所形成的挑战，同样，也是企业组织管控在新时代所获得的重要良机。

从理论上来看，信息化对企业组织结构有以下三方面的推动影响：

1. 促进了企业组织结构的扁平化

随着信息技术在组织中的广泛应用，促进了组织结构的变革。其中，组织结构的扁平化是其中最大的影响。

相对于传统的金字塔科层制组织结构，扁平化的组织中层次相对减少，这样，上下级别之间的信息传输共享才迅速准确，从而有利于组织整体能够更快地根据客户需要、环境变化而做出相应的反应和决策，也使得企业的基层管理者乃至执行者都获得更大的工作权限，并更加容易了解企业上层管理者的策略和意图。这样，组织内部上通下达、速度加快，相互了解而掌握组织全局的机会增多。

可以说，信息化能够帮助企业组织较快地对外界环境做出反应，并符合当代企业组织管控的实际需要。

2. 信息化是组织管控资源

企业内部信息化的趋势，让组织的管控资源产生了明显变化。在对组织中的人力、财力、物力进行管理的同时，更应该注重对企业信息资源的管理，将信息管理变为组织管控的重要内容。

组织中的信息管理，是对信息资源流程、方法和技能知识的获取、分类和传播。实际上就是对信息采集、组织和分析利用的过程，这样，信息就能够从零乱分散走向有效集中，从无序状态走向有序状态，从存储到传

递，最终在组织管控过程中获得利用。

3．信息化要求管理者调整并定位其角色

组织中的管理者每天都要接收、利用和处理不同渠道的大量信息，同时，他们也在每天传递不同的信息，如指令、命令和文件等。因此，企业的信息化意味着管理者将在组织管控中处于中心地位，并同时扮演监管者和传播者的角色。因此，管理者利用好自身的信息优势做好组织管理显得极为重要。

燃气集团如何做到220家企业集团统管

现代化信息技术，应该和现代的管理发展理念相互融合，从而做到准确、高效、系统和专业地开展对企业的管理，并更进一步站在企业的联合之上形成集团的经营、管理和监督体系。通过企业集团的信息化建设，以及对信息的处理，能够帮助企业集团的中心工作走向更好的良性健康发展之路。

——效率革命智慧箴言

企业集团之所以需要多元化的经营管理信息平台，是为了能够在组织管理中对企业集团的人力、财力和物力以及时间、空间等资源作出全面的整合。通过信息化的整合，将促进整个组织中“集团—板块—分公司—单元”等结构层面的更好沟通和细化，从而及时满足企业集团的管理需求，使得企业集团的整体运作能力、对外服务能力获得提高，并提高整个企业组织的执行力。

而在对企业组织信息化管控的过程中，建立企业集团的高效项目管理平台，利用其中信息系统的功能，对不同环节的成本进行完整的控制，从而做出切实可行的成本分析控制等，也能提高企业整体的成本运算控制能力，并降低公司的整体运营成本。

目前，企业集团对其下属企业的组织管控，表现在信息化方面，存在下列问题：一是，组织管控的效率较低；二是，对现代信息管理工具在认识、使用和整合方面效率低下；三是，在对组织的经营管理监督过程中，对信息处理的平台、体系和机制方面有所缺失；四是，信息化组织管控思维落后，执行力上有所欠缺，工作方法较为落后；五是，组织管控和信息的专业化管理程度不匹配。

例如，在一些企业集团中，由于采用多元化经营，集团化的信息管理难以保障，集团总公司对于分公司和子公司的具体运转情况无法及时清楚明确；在企业集团的管理工作中，用于传递信息的手段较多而效果较差，如公文会议等，缺乏更新的手段；在企业集团的办公过程中，成本费用较高，但信息传递产生的业绩不明显；企业集团内部的企业之间、员工之间信息交流并不方便，导致企业领导的决策难以做到真正的广泛调查和整理。

根据这些问题，企业集团应该大力重视信息化组织管控的方法，并在信息化基础上做好组织的管控。

S燃气集团是某省级燃气供应主导企业，对该省的燃气市场实行统一经营和管理。由于该企业集团结构庞大、下属企业复杂，共有220多家企业和分支机构。因此，S燃气集团非常重视企业内部的信息化建设——早在1995年时，该企业集团就成立了自己的信息化中心。而随着S集团的规模不断发展壮大，集团的管理层领导适时经过研究分析，提出了加快企业建设发展的战略，要做到“大燃气”发展战略。为此，S燃气集团的管网生产和抢修调度系统要做到增加新功能、客户的服务系统要做到全省统一管理、财务系统也要充分监控，而集团本部要建立经营中心、资产中心、

财务控制中心、技术研究中心、生产调度中心和客户服务中心等，确保能够满足市场和客户的需求。

2002 年，该燃气集团将总部搬到该省省会市中心地带的高新科技园区，并建设了新的总部办公网络，这也为整个企业集团的信息化建设提供了良好的机遇。

目前，该燃气集团形成了良好的信息化管理系统。按照业务内容、性质和对象的不同，该燃气企业集团目前拥有包括以下系统在内的信息系统：业务咨询、信息查询、业务申报、业务投诉和用户服务热线等；营业收费包括抄表、收费和银行间代收系统的数据处理等；GIS 系统；ERP 系统包括财务、人力、物料、工程、设备、档案和计划等系统；产品质量系统包括天然气生产、质量和调度等系统。

通过上述系统，该企业运用了行业内充分领先的现代科技终端和信息技术，对企业集团内的 220 多家企业和分支机构的内部力量进行调动和完善，形成了充分适应企业未来发展变革、对社会服务需求能够满足的组织管控系统。通过信息系统对组织业务进行整合，从而提高了企业的生产效率，提高了赢利水平，实现了燃气企业集团的可持续发展。

通过对该燃气集团信息化建设和组织管控之间联系的观察，能够得到下面的信息化建设原则。

1. 总体规划，分步实施

所谓总体规划，是对企业集团进行信息化建设的重要前提。企业在信息化建设之前要正确制定规划，并统一标准，从而做到用正确的导向来形成建设标准。

2. 信息系统要成熟、先进和实用

企业想要获得良好的组织管控水平，就应该利用成熟可靠的网络手

段，例如方便安全和可靠的虚拟局域网来确保信息数据能够得到及时准确地传递。在搭建企业信息系统平台时，要充分考虑技术方面的成熟性，从而保证信息技术兼顾先进和实用。

3. 信息系统要以用户为本

之所以要在企业内实现信息化，是为了实现内部业务流程的加快，并提高效率，改善组织管控效率，提高对外的服务素质，最终提高社会满意度。因此，对客户的便利，应该是企业内部信息化建设的基本原则。企业管理者必须要保证信息系统不仅实用成熟和稳定，同时也能够积极关注信息系统是否能和用户进行友好界面上的积极良好沟通。当然，在企业集团内，建立信息化系统的安全机制，并打造相应的规章制度也同样重要。

4. 信息化系统要优化操作实践中的流程

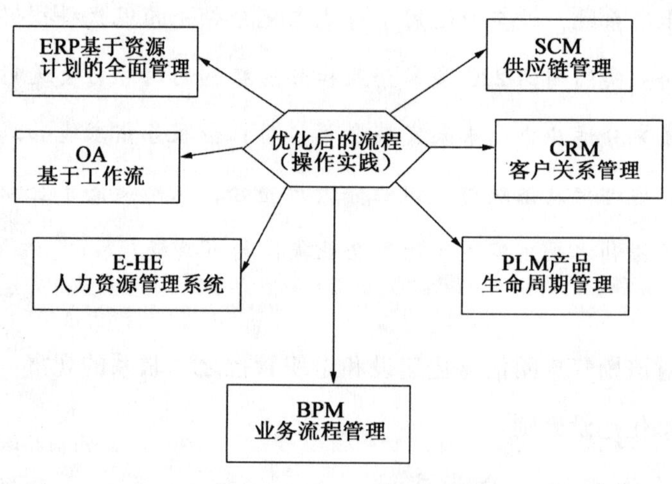

优化后的信息化系统

信息化系统就好比一辆汽车，不管企业拥有多少辆，如果车内的发动机有问题，那么再豪华的车也只是一个摆设，毫无实际用途（至少其功能被大打折扣）。

在信息化系统中，ERP、SCM、CRM 等应用系统的弹性就好比引擎转

速方面的性能：将它加速到100千米需要1个小时（这意味着业务流程发生变动需要长时间修改），那么这还能叫好车吗？引擎动不动就熄火（这意味着程序因为逻辑的问题陷入死循环），那么这样的车还敢开吗？所以，车好不好，关键还是要看发动机（工作流引擎）。BPM系统就是其他各系统的工作流引擎软件。

最后，简单介绍一下上述几个常用的应用系统：

ERP：Enterprise Resource Planning，基于资源计划的全面管理系统。是指建立在信息技术基础上，以系统化的管理思想为企业决策层及员工提供决策运行手段的管理平台。

SCM：Supply Chain Management，供应链管理。是使企业更好地采购制造产品和提供服务所需原材料、生产产品和服务，并将其递送给客户的管理系统。

CRM：Customer Relationship Management，客户关系管理。是指企业利用相应的信息技术以及互联网技术来协调企业与客户间在销售、营销和服务上的交互，从而提升其管理方式。

BPM：Business Process Management，业务流程管理。是一种以规范化的构造端到端的卓越业务流程为中心，以持续的提高组织业务绩效为目的的系统化方法。

OA 系统对企业全球化的贡献

在经济全球化的大背景下，任何企业取得暂时的领先位置，都不能保证永远处于不败之地。想要从优秀走向卓越，需要的是企业能够在自身的战略文化上明确方向，并在具体战术上有效执行。这就需要企业内部的不同层级进行高效的协作，实现企业在战略、战术和文化上的制定和执行步骤，并利用信息化手段，帮助企业内部快速反应，实现按需应变的灵活运行机制。

——效率革命智慧箴言

办公自动化（简称 OA），是指办公信息处理的自动化系统。随着全球信息化的建设与高速发展，企业信息化早已不再是一个陌生的词汇，各大有关信息化的应用软件也得到了迅速发展。对于世界经济逐渐全球化而言，OA 系统最大的贡献在于，它几乎已成为每个企业在信息化建设初期，选择并投入建设的基本系统之一。利用它可以达到充分共享信息、利用信息，提升办公效率和质量的目的。

具体来说，这一计算机系统利用其先进的技术，能够实现让员工的不同办公业务活动逐步由不同的设备、计算机信息系统来协助完成。在这样的系统下，企业能够达到对信息充分利用的效果，从而提高工作效率与工作质量，并最终提高企业的生产率。

最早的 OA 系统，只是限定于使用电脑进行文件录入、排版和输出等工作，利用电脑系统进行人事和财务上的管理。但随着信息化技术的不断发展，OA 的内涵不断地得到丰富和发展。

目前，企业的 OA 系统从功能上可以分为以下三个部分：

首先，企业管理层办公系统。考虑到适合管理层办公的需要，办公系统通常按照不同部门的分类原则，实现对企业内部同部门的文件进行首发、审核、批阅、签字、查询等工作系统。另外，针对领导在企业基层工作时的需要特点，OA 系统还应该加强对领导移动办公需要的满足。

其次，员工个人办公系统。这一系统能够打造出相对独立的工作环境，同时，将个人系统和企业的中心数据库关联，并提供对企业管理人员的日常工作的支持。其中主要包括文字处理、报表处理、内部邮件、通讯录等。

最后，通用办公系统。这部分系统是 OA 最重要的内容，其中以企业内部办公流程作为核心，是整个组织实现办公自动化、工作事务处理无纸化的主要部分。其中主要包括公文收发系统、公共信息系统、内部论坛等。

从 OA 系统的整体来看，在中国企业的发展经历了以下阶段：

第一阶段，文件型 OA。20 世纪 80—90 年代，从单机的办公应用软件开始，OA 主要提供文档电子化的服务。主要在 20 世纪 90 年代，政府和企业搭建网络、建立邮件系统，其工作审批流程出现基本模型，而其中流转的主要载体还是文件。由于当时企业的管理方式较为粗放，软件市场也没有得到有效细分，因此，OA 在当时只能算是辅助工具，还没有得到真正的规范建设。

第二阶段，流程型 OA。2000—2005 年，以文件为核心的 OA 系统开始转变为以流程应用为主流的 OA 系统。在这样的转变中，OA 系统开始以工作流程为中心，并在其中实现了公文的流转、流程的审批、文档管理、制度管理、会议管理、车辆管理、新工作事项的发布等众多功能。

第三阶段，知识型 OA。2005—2010 年，以知识管理为思路，强调协同的工作方式，对组织内部的信息和资源发展所形成的 OA 系统，是目前最主流的形式。在这种系统中，知识管理理念被融入了作为日常办公所用的平台软件中，并整合进沟通协作的软件工具，如通信软件、群组协作软件等。这种 OA 系统已经不单单只是日常办公的平台，更是能对整个企业和组织的知识进行综合管理的支撑平台。

随着 OA 系统的持续发展，传统的企业内操作系统已经全面升华成为整个企业组织的运行框架，并担负起将企业组织推向全球化的重任。在这样的过程中，OA 系统能够发挥以下平台作用。

1. 协同工作的平台

在 OA 系统中，通过实时通信、在线联系、团队协作等，将企业的传统垂直化管理组织模式转变成以项目和任务为主导的扁平化管理模式，这样，普通员工和管理层之间的沟通效率加快，企业工作人员的协作程度加深。

2. 知识管理的平台

通过 OA 系统，实现知识的学习、使用和创新，这样，整个组织能够累积核心知识资产，从而为企业高层的管理提供支持；业务部门能够根据流程提升执行力；员工则可以更好地安排好个人的日常工作，并提升工作业绩。

3. 项目工作的平台

OA 系统能够为项目团队提供全方位的沟通协作平台，并提高企业内工作项目的效率和质量，从而实现项目之间和团队之间的共享、管理，并确保项目之间想法的交流、信息的共享和工作的协同变得更为轻松。

4. 士气管理平台

OA 系统从企业的文化建设着手，对员工工作激情的提高，并营造积极的工作氛围，从而对调动员工工作情绪、激发员工工作热情、形成工作价值观带来强大动力。

5. 内部通信平台

建立企业范围内的通信系统，包括邮件、网络会议、实时通信、手机、传真等，使得企业内部的通信和信息交流能够快捷方便地进行。

6. 信息发布平台

能够为企业的信息发布和交流提供充分有效的平台，并使得企业的规章制度、新闻、技术交流、公告等事项及时传播，企业员工能够及时明确企业的发展方向和具体动态。

7. 办公行政平台

通过办公事务的自动化，公文流转实现了无纸化办公模式，至此，企业内外的文件收发、审批、档案管理、报表的传递、会议的通知等都采用电子化处理，提高了办公行政的效率。

加强执行效果的流程固化

为了达到对流程管理的需求，企业应该对现有流程进行梳理和分析，并进行相应的评估和一体化，从而满足管理的需求。在这样的过程中，对流程固化，是加强流程执行效果的重要途径。

——效率革命智慧箴言

企业管理者应该认识到，对企业流程信息化的管理，主要是为了达到流程的下列需求：加强组织管控力度、提高组织工作效率、增强组织的执行力等内容。

在上述要求下，企业管理者需要完成对流程信息化的优化乃至重建，但他们同时还应该考虑到企业流程的性质——企业工作的标准和规则。如果总是对流程进行优化变革，那么企业的整体运行势必会出现极大的不稳定。因此，需要对上个阶段形成的流程成果进行必要的落实和沉积，从而获取流程管理的效果。这样的手段，就需要对流程进行固化。

流程固化，并不是简单地将流程图表打印出来，然后贴在办公室中，告诉员工牢牢记住，而是需要利用正确的管理手段，加上合理的工作方式，进行综合性的引导宣传，才能够让流程从信息化的过程中真正获得有效固化。

流程固化的本质，实际上是对员工、部门和整个企业工作习惯的改变，下面是笔者咨询过的公司在进行流程固化之后，一位员工发来的邮件。

流程固化真的出现效果了！

其实，一开始我和其他不少同事一样，也以为流程固化就是对上级的“听话”表现。而我本来就属于公司中的老实人，因此就更加认定这是一次公司的“整顿活动”。但在真正加入了流程固化之后，我发现，我个人的工作习惯的确改变了。

在流程固化的过程中，我发现了这样的三阶段：首先，是对老习惯的改变，这个过程比较痛苦，需要改变原有的工作习惯；其次，是养成新习惯，接受新的工作流程模式，也同样痛苦，需要经过较长的稳定时间才能感到自然；最后，是对新习惯的接受，在这个步骤中，感觉工作逐渐转变，形成了新的工作方法，获得了新的工作经验。

当我和同事们处在第一阶段和第二阶段时，常常感觉到不同的难受情况，这种对旧有习惯的改变和对新习惯的接受相互纠缠，让人感到相当不适应。最终，我们还是进入了第三阶段——流程的固化。

当然，这位员工的邮件只能代表流程固化中成功的案例，在第三阶段，也有可能出现截然相反的情况——的确无法适应这种新的工作习惯。

那么，企业管理者和员工也同样要正视问题，并着手解决，推出更加合理的流程。

对流程固化的内容，其主体是流程的本身，而为了确保流程能够做到通畅运行，企业管理者需要了解流程固化主要包括哪些方面的内容。

1. 岗位界定

流程固化，其主要目标是针对经过优化、评估的流程。而在这样的过程中，需要对现有岗位进行一定程度的变动，这样，在流程固化的同时，需要对整个流程不同的岗位进行重新界定，从而避免流程执行的过程中无法有效执行。相反，当岗位界定清晰之后，企业的执行力将得到有效提升。

2. 责任判断

不少企业在进行流程管理时发现了这样的问题：企业工作效率低下、员工工作停顿不前。而解决这样的问题，需要做的就是在流程优化之后进行流程的固化。通过流程固化工作，对员工明确指出，他们应该对何种工作负责，这样，能够确保员工对自身的工作量和范围有真正明确的认识，并由此树立责任心。

3. 工作内容的标准

在流程固化的阶段，不仅要清楚工作范围和工作责任人，还应该明确工作内容的要求。对工作应该完成到何种程度，何为合格、何为优秀，企业管理者应该在流程固化中清楚描绘和表达，并采用量化的方式，确定工作问题和相关责任人。这样，员工能够对他们的工作真正了解，而工作标准也能够得到固化。

通过上述信息化方向的准备，流程将得到有效固化，这样，企业中整个流程所涉及的团队、员工的工作执行力也会得到有效提升。

提升效率的系统整合

即使相同的工作流程，在企业的不同部门中，也会有不同的信息系统操作实施。因此，系统的整合就显得更有意义。对信息系统的整合并非只是为了能够在技术上做到对工作成本的节约，还能通过对系统的协调让流程显著发挥潜力。因此，对于基于流程管理基础上的系统整合，应当谨慎地对待。

——效率革命智慧箴言

设想一下这样的案例：某家企业刚刚在原材料补充的流程上进行了优化，促进其生产流程中相当重要的原材料补充效率获得了大幅提升。这个企业的流程优化项目组为此感到兴奋并准备庆祝工作的成功，但来自该企业质量管理的反对之声突然响起，对方认为，这个流程优化行动擅自改变了运营流程，很可能导致企业接下来的工作无法通过审核。

这样的情况并不鲜见，因为不少企业事实上在流程信息化的同时，忽视了系统的整合。例如，一家大型企业在其发展的过程中引进和实施了各种新管理理念、管理体系，如六西格玛、精益生产、平衡计分卡、全面风险管理等。在这家企业中找出某个岗位的工作人员，问他是否清楚自己在这些流程中的具体岗位工作，他可能会很清楚地表达。但是如果询问他是否了解自己的工作在多大程度上满足了企业整体流程的相关规章制度，他很可能就不敢也无从应对了。

类似这种情况的出现，说明了企业流程管理中缺乏系统整合的问题，这种问题往往会带来企业执行效率的低下。究其原因，是因为一个企业在其发展过程中，大都会随着发展过程而不断引入新的管理理念和方法，而

这些理念方法的引进，又往往会体现在不同的流程实施形式上，并随着流程的建立，给企业不同的系统内留下了不同的管理体系和管理制度。由于这些系统相互之间没有经过有效整合，导致这些流程的管理体系和制度之间相互脱节甚至冲突，加上这些项目大多是以同一个或多个部门作为单位而开展的，其职能部门常常由于各自权责分工不同，造成隔阂，进一步加剧了管理中信息系统的割裂。

由于管理流程中信息系统的割裂给企业带来了负面影响，导致企业执行不力，因此，需要对流程管理的系统不断进行信息化的整合。

想要实现对系统的整合，企业应该善用流程管理的思维。这是因为在不同行业和规模的企业中，无论是否真正实行了流程管理，企业的业务流程都是客观存在的，对系统的整合，就是在不同的流程中完整而一致地贯彻企业战略，并在日常的运营活动中对战略给予支持。

在这样的整合过程中，业务流程的管理和系统的整合能够充分结合，不断调整以实现双重目标。其中主要包括以下四种方法。

1. 统一的系统整合机构

设立统一的流程管理机构来对系统进行整合，这样，就能很好地克服管理体系存在的分裂问题。当然，企业并不一定要设立一个统一的流程管理机构，而是可以将系统整合、流程整合的职责与权力集中落实到其中一个部门中，这样，被赋予职责的部门就自然成为企业体系整合中负责系统整合的机构了。

从实际操作经验来看，在企业中行政管理部门、内控部门或者信息部门作为统一进行系统整合的机构比较合理。这主要是因为上述三个部门本身就是对整个企业都具有全局管理视野的部门。

2. 统一的系统流程规范

在企业的不同部门，不同员工对同一种流程的描述往往是不同的。这是因为缺乏系统的流程规范的约束，会导致企业缺乏强制和统一的描述语言以及流程表达的差异。

因此，想要实现企业内部的系统，首要工作就在于制定一套企业内跨越部门、跨越系统的流程描述语言和规范，并要求不同部门的员工能够强制执行。这样，就统一了流程内部的规范，并提升了内部沟通的效率和质量，从而获得系统的进一步统一。

3. 统一的系统流程管理平台

建立统一的系统流程管理平台，能够确保企业流程都在平台上进行建立、发布或者修改，而企业内不同系统中的流程手册、岗位职责也通过这个平台自动生成。这样，能够避免不同系统之间产生的矛盾和冲突，并实现管理体系上的有效整合。

4. 统一的流程手册、岗位职责

无论企业内部有多少流程的管理理念和体系，企业管理者都应该确保整体的流程系统最终只能有一套，而这一套业务流程应该是完整的，这样，企业员工始终在同一个系统内进行工作，才能满足整个流程所提出的要求。

流程管理系统建设

由于流程管理需要自动化，而这种流程管理自动化对于改善企业的业务流程、提高企业的核心竞争力尤为重要。因此，采用流程管理系统，是许多企业在信息化管理追求上所预定的目标。然而，企业在真正实施流程管理自动化时，往往并非一帆风顺。一些企业在流程管理的自动化方面虽

然投入了较多的资源，但却并没有给企业带来应有的效率回报。

那么，怎样通过对流程管理系统的建立和管理来推进企业的流程管理实现信息自动化呢？

1. 流程管理系统的选择需要满足现在的需求，同时着眼于未来

在企业中，流程工作有简有繁，因此，在具体选择系统时，应该考虑到企业未来发展的需求，从而选择好的平台为企业未来的发展创造空间。

2. 流程管理系统要较为容易操作

流程管理的自动化涉及流程管理系统是否能够迅速、简单地上手操作。一些流程管理系统往往一碰到复杂流程，就容易依赖系统的供应商，这样，势必会影响整个企业流程管理系统的建立和优化。因此，流程管理系统应该设计得更加容易操作。

3. 科学化地选择供应商

流程管理系统虽然有一定的通用性，但目前并没有达到完全程度。因此，不少企业还是需要依赖于供应商来提供相应服务，或者对流程管理系统进行调整。但问题是，不少流程管理系统的供应商并不清楚如何解决问题，而导致流程管理系统的失败。因此，企业对流程管理系统的供应商要科学选择，尤其要注意供应商应该确保其对管理系统的升级能力。

4. 领导给予充分重视

流程管理系统涉及企业内部的每个员工，而在操作习惯上，需要完成建立系统之前和建立系统之后的转变。员工对这种管理系统上的变革，存在着适应的过程，而企业的领导有必要亲自认识到项目流程自动化的重要性，从而将足够的资源投入项目，并在企业中为管理系统做好足够的准备，帮助员工在思想上做好流程管理系统的准备。

5. 指定部门的流程管理系统负责人

在不少企业中，流程管理项目最初只有计算机部门人员的参与，而并没有相关流程中业务部门人员的参与。这样，由于计算机人员缺乏应有的

背景和决策权，其工作结果常常无法被流程中具体执行的管理者所接受，导致流程管理系统的建立周期不断延长。为了解决这样的问题，企业管理者应该对业务部门的流程管理系统负责人制定相关规定，从而带动整个企业更好地做好迎接流程管理系统的准备。

6. 流程管理系统的建设从基础开始

对企业的流程管理系统的建设，也应秉承着科学的顺序进行。企业管理者可以要求中层和基层的员工先从最基本的、和薪酬有关的流程开始进行建设。这样，他们将会因为自己的切身利益，而接受流程管理系统，当他们真正开始习惯这样的管理变革之后，再进行其他流程的推广，其过程将变得相当顺利。

第六章　赋予组织性格：文化建设

组织文化也是一种竞争力

> 组织文化的因素，对于企业以及其资源的开发和管理都产生了重要的影响。这种影响体现在其对组织核心竞争力形成的推动作用上。当组织拥有良性的文化之后，能够有效解决组织和个人目标、组织领导层和被领导层之间的矛盾，并对这些矛盾进行协调和利用，为企业竞争力的形成开辟出可行的道路。
>
> ——效率革命智慧箴言

在日益开放和激烈的市场竞争中，有些企业从优秀走向卓越，而有些企业则似乎只能成为市场中的弱者而失败。那么，决定企业的生存和发展最本质的特征究竟是什么？

其实，决定企业之间区别的原因的确很多，但影响企业是否能够获得持续发展，最根本的还是在于企业有无真正的核心竞争力。而影响企业组织核心竞争力的因素，除了企业本身的核心组织能力之外，就在于企业的组织文化上。

人因性格不同，处理同样的事情，方法不同，结果不同，企业亦然。不同的实践，在不同的文化背景下，结果也不尽相同。另外，在组织文化建设中，还要关注职业经理人的价值观与企业文化的匹配程度。

企业的组织文化之所以能够影响到企业的核心竞争力，是因为在优秀企业中，其组织文化包括其独特性而难以模仿，并能够有效指导员工行为的核心价值和工作习惯。如果缺乏这样的文化，仅仅具备企业的核心能力，就难以让企业真正成为卓越的市场竞争者。

例如，戴尔公司的核心能力在于其快速提供支持的营销体系，而仅有这样的核心能力，并不足以让这家企业成为电脑行业中的霸主，同样还需要其组织中的核心文化。可以说，组织文化通过和组织的核心能力相互联系作用、贡献，才会形成企业的核心竞争力。

同样，麦德龙公司的组织文化，也是其企业的重要核心竞争力。该家公司是全球批发市场的领军企业，其公司运作分为四个部分、六个独立销售区域和不同品牌。其中包括针对商业、专业客户，也包括零售销售商、最终顾客，以及跨区域服务公司等。目前，麦德龙集团在全球三十多个国家，拥有五百多家商场和将近十万名员工，其国际化运营取得巨大成功，而这样的成功和其组织文化有着无法分割的联系。

在麦德龙企业集团的整体框架之下，公司获得了统一的组织文化，并拥有了在整个商业领域能够充分表现的特征，其组织文化的内涵在于：企业原则具有约束力，并能够适用于整个销售的业态；有共同的赢利增长；对行业领先地位进行不断的追求和进取。

正是在这种独特的组织文化的支持下，麦德龙形成了自身独特的模式。

同麦德龙一样，企业的组织文化对竞争力的影响力表现在不同方面。经过总结和归纳，可以将之分为以下几方面。

1. 导向作用

组织文化能够将组织成员的工作动机引导到组织的共同目标上。这样，在制订组织目标之后，将之融入组织文化，能够通过文化的影响引导成员进行统一的行动，并了解组织追求的崇高目标，为企业做出个人的努力。

2. 规范作用

组织文化是规章制度的发源，同时也是组织规章制度的软性补充，能够和其协同体现为企业组织的整体价值观。因此，一旦企业文化在组织成

员内心形成共同信念，就能构造出共同的响应关系，并将上级的引导通过这种响应，转化成为预期行为。企业文化可以减弱制度对员工心理的约束感，缓解制度和员工之间的矛盾，从而将组织成员的行为引导一致、和谐，从而形成企业的核心竞争力。

3. 凝聚作用

文化是一种强大的凝聚力量。组织文化能够形成黏合力量，将组织成员从不同方面和层次团结在组织目标的共同旗帜下，对企业组织产生深刻的认同，并和组织共同发展。显然，经过凝聚的企业，能够形成充分的竞争力。

4. 激励作用

组织文化的核心作用在于建立共同的价值观念，在这种共同的价值观念的引导下发生的员工行为，能够提供给组织充分的价值，并形成良好的工作氛围。这样，员工能够将外在的被动行为转化成为自觉的内在行为，其力量对于形成企业组织的核心竞争力有着重要的意义。

5. 整合作用

不同的组织都具备不同的资源，如人力资源、财力资源以及相应的技术资源、知识资源、社会资源等。但想要在这些资源的基础上形成核心竞争力，就必须形成强大的整合资源。利用组织文化，就能够用组织内共同的核心价值、经营和管理理念来整合组织中原本有限的资源，并实现最大化的综合利用。

非正式组织应不应该有企业文化

> 一般而言，非正式组织中也同样存在着企业文化。而非正式组织中的文化，又同正式的组织文化有所区别，其中最重要的区别在于其非制度的群体性。从广义上来看，这种非制度的群体性表现为在整个组织并非按照企业中应有的合法规范建立，而主要是为了追求思想感情上的满足。
>
> ——效率革命智慧箴言

企业中是否有着非正式组织？虽然企业家们的确很少关注这样的问题，对此也抱有各自不同的看法，但事实是，非正式组织在企业的过去、现在直到将来都会存在，同时会形成一定的组织文化，从而影响到整个企业的文化。

就性质而言，企业中的组织绝大多数都是制度性的，但同样也有着非制度性的群体。非制度性群体本身有着不同的特点和表现，其中有的具有一定的结构组织，如临时的工作搭档、工作小组、同学会等；有的没有一定的组织，如只是志趣接近、工作习惯类似、有共同兴趣爱好、有共同利益等。无论其中哪种，都会在作为群体互动时，形成具体的同类文化意识，并形成其自身的组织文化。

和正式组织相比，非正式组织的文化意识往往更有个性。这是因为，非正式组织中的不同角色都具有鲜明的个性，而随着其组织的群体结构增大，文化意识中的个性也逐渐发生变化。通常情况下，非正式组织的群体越大，其文化意识也就越趋向于复杂，追求的目标和推崇的价值也就相对多样化；而非正式组织的群体越小，其文化意识也就越单纯，追求的目标

和企业推崇的价值也就相对单一化。同时，由于非正式组织的结构本身有着相对强烈的封闭性，因此，其形成的组织文化也有着较为强烈的集团性。一旦非正式组织的结构发生了变化，在群体成员中的文化意识很容易产生强烈的变化。

非正式组织文化的作用，在企业的运营中随处可见，并对企业文化产生影响。

温州工业区的一家YT有限公司，是生产服装的中型企业，其中一部分产品销往国内，绝大多数产品都是按照国外客户的订单生产，出口到国外。在原有厂长的领导下，公司始终保持着稳定发展，但自从其离职之后，企业中的非正式组织文化开始发生变化。董事会先后物色了三名具有丰富的生产和出口管理经验的厂长，但他们都无法改变车间内部混乱的人际状况，而生产的产品几乎每一批次都被客户要求退回重新返工。由于产品质量低下，导致公司不断亏损，而公司采取计件工资制的现状，又导致员工们拿到手的工资锐减，进一步通过同乡、上下级等关系传递出不同的消息，如可能又要换厂长了、客户取消订单了、老板故意不发工资等。在这样的情况下，离开公司负责和一家外贸公司谈判的董事长希望公司能够稳定人心，以便争取时间获得数额较大的订单，但他听到的消息是，该厂将近30%的员工们集体在拿到该月工资以后就离开了企业。而且他发现，这些员工们不是以前在同一个省份工作，就是在同一个企业工作过的。

在上述案例中我们看到，企业内的非正式组织虽然并不合制度，但其形成的组织文化并非不能影响到企业文化。即使在公司正常发展的情况下，非正式组织的文化对企业的文化和管理没有太大影响，而在企业蓬勃发展时，非正式组织文化也不容易被发现。但当企业的发展出现状况时，这种非正式组织的文化力量就很可能突然壮大，并以不同的形式对组织文化形成冲击、改变乃至对抗、破坏。

正因为如此，在进行组织文化建设时，企业管理者必须意识到对非正式组织文化的引导和建设。

下面的方法是企业管理者对非正式组织文化的引导和建设方法。

1. 和非正式组织领导者的合作

企业中的非正式组织“领导者”可能在企业合法体制内并不是什么重要人物，但在非正式组织中，其个性和行为代表了整个非正式组织成员共同的追求和价值观，他们往往凭借自身的个人性格特点或者技术特长，在非正式组织中有着较高的影响力，甚至可能超过正式的组织领导者。因此，管理者对于那些非正式组织中的领导者应该给予真正的重视，追求和他们在不同层面上进行有效的沟通，并在理性合作的基础上获得有效的正面推进力。

2. 对非正式组织的监控

由于非正式组织有着不同的形式，同时，其内部的关系也在不断发展和变化。因此，管理人员必须能够对非正式组织进行积极监控，并掌握其发展的方向。具体的操作方法是，利用描述正式组织的图形结构，将非正式组织也描绘在其中，进而能够描述出其中的复杂关系。

3. 对非正式组织施加影响

企业管理者要能够积极接近员工，同时保持平易近人的态度，尽可能参与或者了解非正式组织的活动，从而消除其中的成员对管理者的顾虑、防备。这样，才能让管理者更好地了解非正式组织，最终成为其中的一员。当管理者成为非正式组织的成员之后，能够利用个人的影响，逐渐将非正式组织的文化引向对正式企业组织有利的一面，从而更好地发挥非正式组织文化的积极作用，并遏制其消极作用发生的可能性。

不同企业的文化模式

在全球化时代背景下，企业文化存在着共性，这一点毋庸置疑。然而，每个企业组织中，有着各自不同的企业文化，这一点更应该予以重视。这是因为在不同的企业中有着文化内容上的侧重点，其具体的表现形式也有着很大不同，于是产生了不同的企业文化类型模式。

——效率革命智慧箴言

不同的企业，由于其身处的背景不同、肩负的人物不同，因此具备不同的文化模式。对这些文化模式具体划分，并使之条理化和程序化，能够从理论上做到分析其来源和流向，并从实践上把握不同的企业文化类型模式对企业各自行为的影响。

企业的文化类型，来自于企业文化模式中那些具有独特代表性并能体现出因果联系的特征。这些特征大都和企业文化本身的结构相关，因此代表着企业文化之间本质的差别。可以说，企业文化模式的不同，是不同企业文化形态体系的不同，是受到社会、经济的大氛围影响的，同时，企业文化模式的不同，主要突出表现在企业的文化精神和价值体系上。

美国密歇根大学奎因教授曾经对企业的文化模式在竞争价值框架下做出分析和研究，他的结论是，对于某一个特定的企业来说，其具体的企业文化实际上是下面四种类型文化的混合体。

一是宗族型文化。这种文化推动了企业内部友好工作环境的形成，强调企业的组织凝聚力和团队的士气，重视对客户和员工的关注关心，鼓励团队的相互合作、相互参与和主动协商。

二是活力型文化。这种文化注重打造企业内部充满活力而具备创新意识的工作环境，同时，不同层级员工的工作行为活动都能做到积极进取、勇于创新并承担风险，而企业管理者关注的长期目标则是企业中不同个体的主动性和自主权。

三是层级型文化。这种文化强调在企业内部建立有非常正式、具备层次的工作环境，不同级别员工的工作行为活动都能做到遵守规则，而企业管理者所关注的长期目标则是如何保持企业运行的稳定和有效。

四是市场型文化。这种文化能够将企业内部打造成充满竞争性的工作环境，员工在其中关心个人成功，关注能够通过哪些竞争性活动来实现可以度量的目标。

举例来说，目前，中国金融行业中的企业，其文化模式大都集中在以层级型为主而兼具市场型的特点上；而大多数中国私营企业则兼具宗族型、活力型和市场型组织文化的特点。当然，管理者不应该错误地认为某一种模式必然优秀，而应该意识到在不同的行业、不同的企业中乃至企业发展的不同的具体时期，都会表现出不同的文化模式。关键在于选择何种文化模式能够做到对公司长期发展的支撑。

因此，在企业运行中，企业的管理者可以通过对企业目前的文化模式的认识和比较，充分了解企业文化发展的态势，制订出稳妥的方向性指导培训计划，从而使得管理者能够更加清晰文化建设方向，并制定出合适的企业文化建设规划。

总体来说，企业想要进行有效的管理，关键在于选择正确的企业文化模式，并从中获得应有的凝聚力、向心力和持久力，而组织文化模式在这样的过程中能表现出以下作用。

1. 激励作用

通过不同的文化模式选择，体现出企业管理的正确中心和导向，从而

培育企业文化对于调动员工的积极性的重要激励作用。例如，利用独特的组织文化发挥出不同的目标激励、领导行为激励、竞争行为激励等，激发员工的工作积极性。同时，这种由个性企业文化所激发出的动力，也将成为企业发展的个性推动力。

2. 导向作用

组织文化模式的选择在很大程度上决定了整个企业和其不同成员的价值取向，并决定了其成员各自的个人工作目标。为了增强组织的活力，就应该利用自由选择建立的文化模式，冲破既往文化模式的束缚，并形成更加适应组织未来发展的价值观、行为方式。

3. 规范作用

不同组织文化模式的重要共同特征，就在于根据组织的整体利益需要，提供具有个性化的行为准则。通过一系列行为准则的更新，不断规范全体员工的行为，使其自觉维护组织的整体利益。这样，组织文化模式就成了组织内部利益共同体连接的可靠保证。不同的组织为了保证各自组织内部目标的实现，并推进生产和经营活动的一致性，就需要不同特点的文化模式来统一内部员工的思想、价值和行为，并以此形成组织内部价值的标准，起到对员工活动关系调节的作用。

打造高效的企业执行文化

在如今这个信息发达、瞬息万变的社会中，企业的竞争已经上升为执行力的竞争，因为不管出现什么新的管理模式或方法，在很短的时间内都会出现众多的效仿者。而组织效率的竞争归根结底是人的竞争，然而，只有文化才能改变人的意识，从而引导人的行为。企业成败的关键往往就在于有没有建立起一种执行文化。

——效率革命智慧箴言

为什么制订好的计划却总是难以顺利执行？为什么看似完美的决策却一再付之东流？为什么付出很多，结果却差强人意？

在企业中，类似上述“为什么”有很多，问题的关键就在于组织执行力不足，或者说存在偏差。而这些看似平常的“不足”或“偏差”则是导致组织效率不高的罪魁祸首之一。

实现组织效率最大化是企业的发展目标，也是企业良性运营的永恒主题。实际上，效率是一个“发展着”的概念。大部分人对于效率的理解和诠释，通常是随着组织生产、运营、管理的不断发展而深化的。而在改善企业效率中，企业的执行文化具有举足轻重的地位和作用。从经济学的角度来看，企业执行文化是持续改善组织效率的重要使命与价值体现，它是解决组织效率问题的“总阀门”。所以，打造高效的企业执行文化，是提高企业竞争力的基础，亦是提升组织效率的重要途径之一。

海尔集团总裁张瑞敏曾经说：“公司发展从根本上靠的是文化，公司最根本的竞争力就是文化竞争力，公司的一切都是由文化这个核心派生出来的。”

一位经营企业的友人曾问过笔者：“我们企业也有文化——团结向上，铸造真诚，勇敢拼搏，可为什么我们企业仍然亏损呢?”为此，笔者还特意去朋友的企业巡视了一圈，不经意发现在笔者的身后确实有几个装饰的很漂亮的美术字贴在墙上，这应该就是朋友所谓的‘企业文化’。笔者为就请他把这几个字的内涵给大家讲一下，结果朋友支支吾吾说不上来。

企业的执行文化不是口号，不是标语，而是每一个企业员工都必须理解并且每时每刻都要记在心里、装在脑子里的执行标准强大的执行文化，是企业文化建设的重要基础，也是企业文化的主要内涵，是企业文化构建过程中不可或缺的一个环节。所谓执行文化，是指将战略决策、管理执行力结合落实，并以之作为企业所有内外行为的主要规则和最终目标。因此，企业执行力的高低，关键在于企业执行文化是否能够很好地塑造和影响企业员工的行为。

毋庸讳言，今天企业的竞争力早已不是二十年前，而企业的竞争也早已转化成为执行力的竞争。一个企业的执行力是否充分有效，需要观察的是其有没有良好的企业执行力文化作为支持。这种文化是一个优秀的企业和其他企业最大的文化差异，是很难在短时间被模仿、学习并超越的关键成功要素，也是对企业员工执行力直接进行强化的首要条件。

不仅如此，企业的执行力文化是不断发展的社会经济特征对于企业整体管理的重要影响，也是企业自身战略发展所提出的必然要求；是对企业所有者和管理者素质变化的迫切需求，也是对企业核心竞争力的培育和保护。

这是因为，执行力的打造，是企业大多数领导者和员工最重要的工作，因此必然会成为组织文化建设的核心。当企业的管理者在通过不同手段对企业的执行力进行强化时，需要营造一种良好的执行文化，从而能够做到将员工的执行意识潜移默化地改变，与企业的战略管理思想和长远目标相匹配。这样，企业的执行力文化的魅力就得以产生，并在无形中进行渗透和感染，对企业全体员工的工作行为产生影响，使其达成共同的信念，并引导他们朝向个人和企业所一致的目标努力。

如果借助于美国管理学家麦蒂恩所提出的企业生命周期理论，并结合目前中国企业的现实情况，管理者可以将中国企业的执行力文化建设同其企业本身的发展阶段结合。这样，我们就能看到这样的特点——在企业生命周期的不同阶段，企业执行力文化表现出不同的内容特质。

在企业的创业期，迫于企业的生存压力，整个企业从上到下都以工作行动为导向。此时的企业，并没有完全形成对执行的正确理解，而企业本身的形象建设和文化塑造也难以谈及。因此，在该期间的企业执行文化还只是处于萌芽状态。

在企业的成长期，企业已经摆脱了最初的生存困境，管理者开始在已有的基础上关注企业形象和品牌的塑造，同时企业所有者开始寻求更好的投资空间、发展机会。在上述两种因素的影响下，企业内部的执行文化建立趋势开始逐渐上升。

当企业进入成熟期后，企业的资金掌握充足、流动方向合理，其内部的不同管理制度也比较规范，能够做到充分准确而高效地完成不同目标，在社会上拥有相当声誉。为了保持这样的经营现状，企业的管理者对企业执行文化建设工作最为重视，因此，企业的执行文化也上升到了最高效层面。

如果企业进入了消亡期，那么，由于企业的资金流失迅速、管理体制僵化、信息传递速度减慢等因素的限制作用，导致在这样的环境下，企业的执行力下降，不同的任务和计划都难以有效完成，甚至执行者从一开始就没有将其真正执行下去的想法和动力。因此，这个时期企业的执行文化也就开始出现迅速下降。

深圳华为是成功实施执行文化的典范。在《华为基本法》中第一章就是企业执行文化的核心价值观。华为一开始就非常明白自身的价值和执行

使命。华为知道，一个企业存在的价值和理由是为社会作出贡献，让所有相关者从中得到利益。只有让所有的相关者都离不开企业，企业才有存在的价值和理由。如果一个企业把为他人做贡献当成自己的使命，相应地，企业员工也会从中找到一种荣誉感和归属感，找到工作的意义所在，从而提高执行效率。

既然企业的组织执行文化关系到企业的生存和发展，那么该如何建设组织执行文化呢?

首先，管理机制是执行文化的基础。随着企业的发展，管理模式应随之改变，否则就会导致实际执行结果与预期不符，逐渐被市场所淘汰。在现代化企业管理中，员工只有在一个开放、透明的管理体制下，才能充分发挥他们的才能，提高执行力。因此，企业的管理者应该在管理机制上下工夫，为员工打造一个有章可循的管理制度，从而增加员工在执行过程中的公平性。

其次，明确流程，确保执行文化畅通无阻。在执行前的制定决策环节，就要保持严谨的态度，确保流程的有效性，不能朝令夕改，这样就能够使员工坚定地按照既定方针执行下去。而作为管理者，要让员工明确每一步工作流程，把复杂的过程简单化、简单的过程量化，以优化流程的方式确保执行力。同时，还应该让员工明确自己的责任和工作流程，而不是在过程中漫无目的地执行。

再次，激励机制是培养执行文化的助推器。要想让员工自愿地将工作执行到位，奖励制度和执行力文化的结合必不可少。当员工工作积极、对企业的发展有贡献时，管理者要给予他们赞扬（精神奖励）和物质奖励，充分调动其积极性，从而提升执行效率。

最后，科学的培训体系是提升执行力和组织效率的保障。要想提高员工的执行能力，就应该让他们获得公平、充分的培训机会。通过科学的培训，让他们明确在执行过程中扮演的角色，帮助他们建立友善的团队氛围，通过互相协作提升执行力和效率。

当然，执行文化对于企业的成长与发展有着重要的影响，但同时也反过来受到企业发展状态和整体文化的影响。因此，企业家们既要认识到执行文化的价值和意义，明确其打造的方法，更要按照正确的方法来对其进行建设，形成执行文化和企业本身的良好互动。

在打造执行文化的过程中，企业管理者还应该注意下面的细节。

1. 重视领导人的作用

企业领导者是执行文化打造的核心部分。执行文化是企业文化的一部分，而企业文化则必须要在企业高层管理者的重视和影响下，通过其个人的行为示范和大力执行，才能成为企业所有员工的工作指南，最终变成企业内部受到重视的文化特征。因此，企业的管理者必须要加强自身的执行意识培养，表现为工作执行上的高效，形成企业良好执行文化的基础。

2. 加强对员工的引导

企业管理者应该意识到，真正推行企业执行文化部分的人是其基层员工，他们是执行文化打造过程中的最终环节，同时也是文化改变的对象。因此，企业管理者要积极引导员工学会和其他团队进行正确合作，从而做到快速并高效地完成工作任务，能够积极将工作的战略决策和具体实施结合起来。通过培养这样的工作习惯，最终改变员工的执行意识和执行态度，并为企业的执行文化塑造打下坚实基础。

3. 建立企业内部的尊重和信任机制

大部分企业之所以在成长中出现执行困境，主要是源于企业的管理和企业发展的实际相脱节。这种脱节导致了民营企业成长过程中尊重和信任机制的失调。因此，企业管理者要加强尊重机制的建设，积极推进企业管理者与员工之间相互的理解，而对信任机制的建立，则能够解决企业管理者和员工之间的利益关系。这样，员工和管理者才能相互理解配合，并做

好利益关系的协调，共同执行企业的不同战略决策。

可以肯定的是，在市场竞争愈加激烈的今天，企业的执行力决定了组织的效率。没有执行文化就没有执行力，没有执行力就没有竞争力，没有竞争力企业就不能良性发展。因此，企业组织执行文化的建设刻不容缓。

如何建立符合老板价值观的文化体系

老板的价值观，对企业文化体系有着深刻的影响。这是因为老板个人的知识、经验、工作作风、工作价值观，对于企业文化体系的形成，理应有着充分的影响，并在企业文化中体现出个人的特点。可以说，在成功的民营企业适当的发展阶段中，老板的价值观和管理经验，有可能形成企业文化的核心。

——效率革命智慧箴言

在对企业文化体系的建立过程中，企业所有者的个人意志显然不应被忽视。反之，其个人价值观之所以成为整个企业文化的组成部分，主要体现在企业创建和发展的初期，这些价值观对于企业文化的形成和发挥起到了推动的作用。

作为企业的所有者（往往也是管理者），老板个人的价值观能够引领企业文化的发展方向，同时，也需要通过对老板个人价值观的发扬来改变企业文化。

具体来说，在企业的创立和发展过程中，企业经营活动体现了老板的意志，同时，也会在企业内所有参与经营管理的员工的工作行为中得到体现。那些符合老板意志的员工，能够留在企业中，并获得职业上的发展，而那些和老板价值观完全不同的人则会离开企业。这样，经过老板价值观的"过滤"和改造的员工，成为了企业的团队，这样的团队无论在工作的行为方式还是工作的价值标准上，都体现出了老板个人的风格。这样，企业文化就获得了形成的核心。

可以说，老板的价值观念决定了企业文化发展的方向。当老板将其个人的人生目标定位于对社会发挥正面影响、提供良好价值上，那么，他对企业的经营目标也会定位在对社会经济生活提供良好贡献的力量上，而不仅仅是作为自己获取巨额财富的工具。当老板能够将自己的核心价值观进行提升时，企业文化也就有机会获得同样的提升。

因此，企业文化并非可以进行任意打造，尤其在企业发展初期，必须以老板的价值观作为核心来建立。这就需要老板们在对企业文化进行建立时，必须从自己的价值观做起，检验自身面对不同价值取向时有着怎样的选择，应该做到怎样的自我提升，才能确定企业文化的特征。反之，一些企业为了追求企业文化的"繁荣""向上"，热衷于进行大张旗鼓的宣传，如大做广告、举办活动、印刷资料、赞助项目等，想通过形象的包装宣传企业文化，营造有利的经营发展环境。但这些企业的老板往往忽略了企业文化的根源在于自身的价值观。如果不能将企业文化和自身价值观结合，那么往往会事与愿违，缺乏企业文化的应有效果。

因此，如何建立符合老板价值体系的企业文化，成为了企业发展初期老板们应该慎重思考的问题。

1. 对价值进行准确排序

在无数企业的发展实践历史中我们看到，一个优秀的企业之所以能有着优秀的企业文化，在于企业家自身能够对人生价值观中诸多的追求目标进行准确排序。其中包括自身的存在感、工作成就感、对社会的影响力、对家庭的贡献、金钱、消费、情感满足、健康等，都是企业家希望得到的，但这些价值概念在老板心中的排列顺序往往不同。为了在自身价值观

基础上建立优秀的企业文化，企业家应该厘清自身的价值观体系并作出对企业短期和长远利益的选择。

2. 老板对企业文化影响的阶段性

围绕老板的价值观念建立企业文化，应该注意其和企业所处的发展阶段必须相互适应。这是因为企业文化有着其必然的阶段特征，而不应该由绝对的标准来进行评价。如果坚守老板某种价值观念建立企业文化，很可能会被发展状态所淘汰。正确的做法应该是在企业规模较小时，侧重于利用老板价值观中看重忠诚的特质，建立企业文化；而当企业获得发展时，则倾向于对成本控制、对管理水平的提高等。

3. 老板也需要对自身的价值观进行改变

在围绕自身的价值观建立企业文化的过程中，老板必须要明确自己在企业文化的发展变化中获得怎样的改变。例如，老板应该学会改变对忠诚度的认识，学会理解企业中专业技术人才的特点，同时，掌握对他们的管理规律，学会影响、管理和控制他们，学会在他们面前树立威信等。通过诸如此类的自我改变，最终，老板将提升自己的人生观和价值观，并反过来适应企业文化提升的需要，同企业文化相互促进和发展。

迷途要知返，莫入企业文化误区

> 具备丰厚文化底蕴的企业，能够通过文化表现而强大并基业长青。在企业创立之初，企业文化的产生和影响是自然而然形成的，并通过有效的途径得到传播。但当企业进一步发展，将文化贯彻到基层员工的日常工作行为中时，需要注意的是避免进入对企业文化了解和认识的误区中，而这应是企业文化建设推进所关注的重点。
>
> ——效率革命智慧箴言

企业的文化建设，在推进过程中很容易造成表面和实践的两张皮，成为企业掩盖现状的“遮羞布”，甚至变成一种互相欺骗的作秀。之所以出现这样的情况，和企业的文化建设误区有着重要的联系。

误区一，企业文化是企业的特征。

陷入这样的误区，人们往往会认为企业文化就是评价企业之间差别的标准。这是因为企业文化一般包括视觉、行为和理念上的识别。看起来似乎同企业文化的形象、行为和价值观一一相对，能够进行对企业特征的判别。但实际上，企业文化所代表的只是企业形象、行为和价值观的若干层面，如果将企业文化完全看作用来代表这些方面的企业特征，也就会进入以偏概全的误区。

误区二，企业文化就是口号和标语。

不少人误认为，企业文化的表现就是在办公室张贴一些口号和标语，并运用那些看起来高端的词语，如名言警句来对员工的士气进行鼓舞，或者误认为企业文化就是文艺活动、体育比赛等。实际上，这显然是将企业文化浅薄化，距离企业文化的本质深为遥远。

误区三，企业文化就是企业的思维系统。

持有这种想法的人，认为企业文化就是企业的思维系统，包括企业的经营理念、运行哲学和工作精神。然而，这种观念的错误在于将企业的价值观层面的一部分当成了整个企业文化的全部，而没有进行全面和系统的探索研究。

误区四，企业文化就是企业产品的定位。

这种误区将企业文化和企业产品的文化定位画上了等号，凡是和企业产品有关的文化内容，都称为企业文化。例如健康文化、人居文化、酒文化、茶文化等。这种误区同样也将产品本身和企业混淆，导致文化定位的误区。

误区五，企业文化就是纯粹的文化理念。

曾经有人提出过，企业文化就是纯粹的一种理念，即纯粹的文化形态，而不是和经济有关、企业形态有关的内容。这种误区在于研究者和执行者都只是单纯地从社会文化方面来解释企业文化，而并不是将企业具体的运行过程反映在企业文化上。这种看法将文化和企业割裂开，实际上，企业文化必然要为企业服务，并从企业现有的价值观、指导思想中提炼，并为企业发展的目标提供实在的服务。它必须要具备积极向上的品质，同时具备实际上的指导性、可操作性。

当然，除了上述文化误区之外同时还有其他更多误区。但这些误区产生的原因主要在于人们只看到了企业文化的表现形式，或者只看到了企业文化的平台和载体，而并没有深入地去对企业文化进行研究。企业家应该明确，企业文化并非单纯抽象的思想或者单纯感性的文字，也不是企业对知识工具、文化符号的利用，而应该是一种对企业基础的建设。反之，一些企业正是因为对企业文化的错误认识，想通过某些局部的努力就能够做到对企业文化完全的建设，实际上从根本上忽略了企业文化的存在价值和意义。

解决企业文化建设目前所存在的问题，需要企业管理者迫切找出方法来应对。具体来说，可以从以下几个步骤入手。

1. 企业文化的构建首先要做到以人为本、抓住细节

在对企业文化的构建过程中，首先要做到充分以人为本。这需要企业充分发现和关注细节，即找到企业在经营运行过程中独有的个性因素，包括对企业经营过程中细节的发现、对员工个性倾向和行为表现的细节关注。企业的管理者之所以会走入误区，是因为对这些细微的事情没有给予应有重视，而只有真正对细节认识，才能做到以人为本、构建企业文化。

2. 企业文化建设应该立足于企业内部

对于企业文化的因素，一些企业管理者并不认同它是从企业内部孕育和产生的，而认为是引进的。但实际上，企业文化并非外部移植，而是由内而外产生的，更不可能只是从外部强加给企业的基层。因此，对企业文化的建设应该看重企业的实际情况，才能发现本企业的积极文化因素，并打造出符合企业实际特点的企业文化。

3. 企业文化应该立足于基层员工

企业文化的建设，应当建立在对企业文化的概括上，并进行积极的特征描述和思想渗透，通过正确的方式和途径去传递给不同的员工，从而让他们努力理解企业文化的表现。因此，管理者需要认识到，基层员工是否对企业文化认同，将会影响到他们对企业文化的接受程度，并影响到企业文化的建立效果。正确的方法应该是在日常工作中，要求员工按照企业文化来自行改变、约束和规范，从而转变成为企业员工自觉的行动。

小企业的“家文化”塑造

企业文化正在呈现越来越多元化的发展方向，其中，“家文化”的塑

造，更是因为其多元化的魅力，吸引了众多创建不久刚开始发展的中小企业。虽然在这些企业中提倡打造家文化有过失败，甚至有人产生过怀疑，但事实证明，在企业中建设家文化，的确能够对企业尤其是小企业的文化建设产生充分的推进作用。

概括来说，企业的家文化的组成主要包括：一切围绕“爱”；老板应该像家长；关注关心员工不仅是关注工作，健康、学习、爱情、家庭、经济、人际等都属于此范畴；制度更人性化，建立自觉文化；推广感恩、孝道、互助的行为。体现在实际工作中，我们应该这样做：员工间的关系要引导；企业福利应比同行更好；照顾外派员工家庭；解决员工户口、住房问题；解决员工子女入托上学问题等。如韩国的SK集团，在超级写字楼里单设一层，作为员工子女托儿所：不论身份（清洁工到总裁），将孩子放到托儿所即可，不论你加班到几点，不用担心孩子。

再如，××商厦股份有限公司是国家认定的大型商贸企业集团，山东省政府重点扶持的骨干企业集团，也是山东省规模最大的民营流通企业之一；是当地最大的百货、超市连锁经营企业；是老国企改造的民营企业；女性员工居多，80%是女性，其中的75%处于25～38岁，正是上有老下有小的阶段。员工经常加班，节假日更是不能休息，婆婆为家庭做得更多。该公司举办了一个“评选最敬爱的婆婆（公公）”的活动。先是征文，然后是上门采访、评选。同时，公司在重阳日摆百桌宴，邀请所有婆婆和媳妇；获奖婆婆介绍自己的婆媳和家庭关系、媳妇登台赞扬婆婆。最后颁奖牌、奖金，公司领导带领媳妇们给婆婆们集体鞠躬，感谢她们为公司发展付出的辛苦。通过这次活动，员工更加爱岗敬业；有数十个因为孩子问题打算离职的员工稳定了；超市营业额当月增长17%，通过员工的会员卡统计，员工家庭购买量占到增长部分近一半。市场部门认为是婆婆们带着邻居采购的业绩。这是关注员工家庭促进公司发展的一个非典型案例。

我们看到，所谓家文化，是建立在传统家庭文化基础上的。家是人类千百年以来社会生活的最基本单位，无论世界各国、不同民族有着怎样的文化背景，都认可家庭的价值和地位，认同和融入家庭的情感。尤其在中国的传统文化中，更为强调家文化，同时以这种文化为中心，辐射产生出相应的社会的组织法则、生活的伦理规范，从而基本上形成了中国社会的日常思维习惯。

家文化的观念，对于企业经营者和员工影响深远，而对小企业的经营者和员工影响则更为强大。通过对家文化的倡导，能够将企业打造成充满和谐的大家庭，并帮助企业实现企业文化的平衡。这样，企业内部才能产生充满价值的战略思想，才能实现企业的远景目标，从而不断产生创新意识，并促使员工将企业的规章制度变成其自觉行动。

小企业的家文化塑造，主要表现在内涵和外延上。

从内涵上来看，小企业的家文化内涵，主要表现在“和”的理念上。即企业内部的和谐，追求员工之间的和睦、互助、共同进步。这种文化内涵同时看重员工的个性特征，也看重企业的整体利益，从而促使企业形成团结、凝聚并协调发展的整体文化。

为了实现这样的内涵，企业内部需要由企业领导者和员工扮演好各自角色，建立起整个“家庭”的共同愿景。这样，在企业外部，才能作为整个家庭去面对竞争。

当然，想要实现这样的内涵，企业管理者需要正确处理好下面的关系。

(1) 处理好企业内部不同利益群体的关系。这是因为企业生存发展必须要有内部关系的充分和谐，而家文化正是通过这样的特点来促进内部文化机制的发展的。在处理企业内部关系时，管理者要学会在不同选择中找到平衡，从而实现企业内部不同利益关系群体的和谐共存。

(2) 处理好企业与市场之间的关系。企业管理者应该遵循可持续发展的战略，重视对市场的尊重和适应，并积极适应市场的变化，做到用“家

文化”所形成和体现的企业文化特点去发挥自己在市场中角色的作用。另外，家文化也应该追求企业和企业之间的良性竞争关系，强调除了竞争也需要合作，并尽可能地创造共赢，从而获得更加宽松的外部环境，并带来企业发展道路上的和谐。

如果进一步在小企业的家文化建设基础上进行延伸，可以表现在以下几个方面。

1. 家文化所强调的集体感

在小企业的家文化中，企业和员工、员工和员工之间形成利益的集体，在这个集体中，人们形成利益共同体，从而实现共同的目标。因此，注重通过家文化来营造小企业的集体感，并将对这种集体感的关爱上升成为员工工作的制度和行为，才能焕发出家文化的魅力。

2. 家文化所强调的风格一致

推进家文化，能够引导小企业从管理者到员工在长期的共同工作、学习中，相互影响感染，并形成共同的工作理念、工作品质乃至人生追求等，并能够通过提醒、模仿、沿袭等方法将之形成传统。这样，企业的“家风”得以形成，并能够由此使企业文化得到传递和集成。

3. 家文化能够形成良好的上下级关系

在家文化中，家长扮演了家庭中亲情营造和引导方的角色。因此，小企业的管理者要学会真心对企业成员给予家庭成员般的温暖，例如，打破企业内员工之间年龄、辈分、资历的界限，强调以员工为本，并对员工给予关心等。同时，员工扮演的是家庭成员的角色，他们也需要学会感恩，并能够积极主动地理解和支持家长，从而保证家庭的秩序正常运行。当然，这样的秩序并非是建立在等级观念上的，而是民主基础和情感交流上的秩序。可以说，这种秩序关系，确保了小企业家文化中的良好上下级关系。

综上所述，家文化有着其独特的起源和发展环境，适用于中国本土的小企业。而实际上，在那些已经做大的民营企业乃至股份企业，如娃哈哈集团、康奈集团等企业，家文化也表现出强大的生命力，增进了企业的凝聚力，并促进了企业发展。当然，家文化是中国传统文化和现代企业管理的有机结合，而其内涵和外延仍然需要在实践管理过程中得到锻炼和发展。

第七章　打造人的世界：基于人性的激励与经理人能力的提升

职业经理人的正常心理

> 企业所有者想要充分调动职业经理人的积极性，需要对职业经理人的行为做出观察和反应。但事实是，如果不能正确地衡量企业中职业经理人行为背后的心理因素，也就谈不上正确应对其行动，从而无法将充分的权力信任和授予作为激励的手段。因此，从心理层面认识职业经理人的工作心理，才能获得对他们的真正了解。
>
> ——效率革命智慧箴言

职业经理人，是对企业进行专门经营管理的人才，是能够促进企业发展的重要力量。目前，中国职业经理人面临着职业发展的重大机遇，也因此承受着巨大压力和挑战，在这样的机遇、压力和挑战之下，他们的心理成长表现出不同的特点。对于企业所有人来说，认识和了解职业经理人的心理特点，是对企业效率提高工作过程中的重要课题。

另外，我们还应将职业经理人和老板的概念区别开。各自的权力、职责不同自不必多言。打个比方，遇到老虎，猎枪卡壳，掉头跑的是职业经理人，冲上去的是老板。企业遇到困难，跳楼的是老板，跳槽的则是职业经理人。所有部门都可以欺负老板。正因如此，老板需把经理人变成老板——给予股权。关于股权问题，我会在后面章节详细阐述。

一般来说，职业经理人都有着能够体现其工作性质、发挥其工作能力的基本心理素质。包括对成功的抱负、对岗位的责任心、对群体的影响欲望、对合作伙伴的诚信和共赢愿望等。但除了这些基本的心理特征之外，由于职业经理人从事职业的特殊性，以及其面对的具体工作环境的不同，也很容易产生一些可能影响到其管理工作但实际上却属于正常的心理表现。

首先，社会和经济环境的激烈变革，对职业经理人的心理带来了严峻挑战。众所周知，由于中国处于一个新旧变化的重要时期，无法像那些成熟的市场经济环境中一样，用相关机制和社会道德对企业管理者的生存和工作方式作出明确约束，因此，对于职业的管理者来说，工作走向的很大一部分都显得难以进行准确预测和把握。不少职业经理人发现，企业的成功总会或多或少源于一定的“灰色空间”，这导致他们容易选择投机取巧，而不愿意走出稳定而成熟的管理规则道路，那种强调权谋的管理方式，在他们的管理心理中常常被无限放大。

其次，市场竞争越来越激烈，导致职业经理人心理上压力重大，精神上时常焦虑。由于在竞争中常常面临着失败就被淘汰的命运，因此，经理人有着强烈的危机感也不足为奇。即使那些曾经获得过成功的经理人，也会因为曾经有过的成功而变得畏首畏尾、犹豫不决。据相关心理学家的调研结果显示，不少有了一定事业基础的经理人也承认，自己经常会有不安全感，导致对自己的重大决策缺乏自信和坚持，他们感到自己害怕失败，甚至害怕竞争。

最后，职业性质的特殊性，使得职业经理人对社会的现实有着最强烈的体验。心理学家的调查同时体现，职业经理人在职场中、在社会中乃至在家庭中所感受到的人际关系比其他职场角色所感受到的更为现实，带来的是他们在人际关系上的某些苦恼。曾经有位年轻的职业经理人向心理医生求助，说自己曾经管理一个企业，对老板、下属和员工都注重回报、讲究原则，同时培养情感，可自己一旦犯了错误，这些人说翻脸就翻脸，让自己感到社会险恶，不知道以后怎么相信别人。实际上，商场就是战场，在经理人的面前，永恒的只有利益，而这样的现实对他们的心理状态的影响也相当明显。

正因为职业经理人一方面表现出的是对成功的渴望、对事业的追求，

另一方面表现出心理中的弱点，因此，企业老板在对他们进行管理时，更应该注意从心理角度出发，了解和认知职业经理人的特点，找到同他们沟通的方法。而这些方法背后的原则，就是表现出对职业经理人的信任。

1. 老板对职业经理人应该充分“放开”

不少企业老板都陷入过这样的怪圈，他们既需要职业经理人，又放心不下经理人，这样模棱两可的管理态度让职业经理人的心理不堪重负。事实上，作为企业老板，需要管，但同时也需要学会“放开”。放开的方法，基于老板本身做人的胸襟和境界，他们是否能够放开“我说了算”的那种权力欲望，获得平常心态，决定了他们是否能够从正面影响职业经理人的心理。因此，老板们在选择和聘用了职业经理人之后，对应该授予他们的权力不能吝惜，对应该给予他们的空间不能保留，要传递出应有的信任，才能获得他们的回报。

2. 老板对职业经理人应该充分坦诚

既然邀请了职业经理人加盟管理自己的企业，老板就应该意识到，职业经理人和你的利益起码在现阶段是共同的，如果既想用又想防，那么很容易导致职业经理人心态的失衡。基于这样的认识，老板应该对职业经理人做到充分坦诚，能够主动积极地和他们进行沟通，让他们明白自己的战略决策方向，能够随时交流企业的管理情况、交换对市场的意见等。只有采取这样的态度，才能协调职业经理人的心理，促使他们尽快同企业融合，并能够真正投入到对企业的贡献过程中去。

职业经理人最容易犯的错误

在企业管理中，有着一个隐秘的错误关系网，这个网络从管理者犯下的错误开始，并视其程度困扰到下属和客户，违背企业的利益。其实这并不奇怪，因为错误虽然是一种麻烦，但同时商业原则也不言而喻地说明，只有承担错误的风险，才有可能取得必要的成功。换言之，如果老板对职业经理人可能犯下的错误缺乏了解，他们就很难避免职业经理人犯错，甚至避免自己犯错。

——效率革命智慧箴言

不少企业家曾经向笔者表示，他们对职业经理人的错误很难做好防范管理，一方面，作为老板，他们当然不希望职业经理人犯错，因为这样的错误会影响到整个企业的发展；另一方面，作为老板，他们也同样意识到错误是不可或缺的，因为如果不允许职业经理人犯任何错误，那么企业也就无法获得和风险一同出现的机会。

然而，事实表明，当人们获知自己能够被允许犯错误的时候，他们很可能会有意识地减少自己的犯错可能。这是因为当他们首先在心理上得到了有效疏导，其次能够将更多注意力集中在如何规避风险上，因此他们总是有可能出色地完成管理职责而并非犯错。

但问题是，不少老板并没有这样做，他们或者对职业经理人过于信任不去计算他们可能犯下的错误，或者过多担忧职业经理人的犯错而对他们管理得过严，结果带来的后果也难以保证企业的成长。

不妨看看惠普前任总裁卡莉・菲奥莉娜在惠普的管理生涯。

菲奥莉娜，1980 年获得 MBA 学位，之后投身于 AT&T 集团的销售电话服务，1998 年成为朗讯科技的业务部总监，管理着占据该公司六成以上业务的部门，1999 年 7 月底，菲奥莉娜被惠普公司聘请为首席执行官，成为了当时道琼斯指数企业中唯一的女性总裁。然而，她在惠普的六年工作生涯，最终以黯淡的结果收场，到 2005 年年初，惠普股价缩水过半，菲奥莉娜辞职，员工获知之后纷纷庆祝。这一切究竟是如何发生的？问题在于菲奥莉娜的管理方式出现了问题。

菲奥莉娜上任伊始，就打算推动对惠普企业文化的改变。她最先积极参与的对惠普的改名，就将原先包括创始人姓名的“HEWLETT PACKARD”标记压缩成为“HP”，希望因此来淡化惠普的家族企业色彩。其次，她开始对惠普企业的核心价值观进行删改，用“速度、变革、市场”的理念来取代惠普原有的“稳健、协作、人本”，而惠普企业文化中原有的“员工尊重”则也被放到了新价值观的最后。

同时，菲奥莉娜对自己的地位也一改之前惠普高管的低调亲民作风，她给自己购买了专机，到处参加活动，让基层员工无法接受。当她入主企业一年后，就开始有员工怀念自己以前和企业总裁共同在食堂吃工作餐的日子，而不仅仅是通过电视会议来感知总裁的存在。

由于这样的变化，惠普内部从上到下的管理文化开始改变，原先的惠普，如果有人业绩不好，他的主管会用帮助的语气来暗示和提问，而现在的提问则一开始就是指责的“你最近怎么回事?”。但问题是，在一个只有靠员工内心文化才能决定他工作效率的企业中，这种管理方法显然难以奏效，不少惠普的老员工纷纷离职。这样，由于菲奥莉娜的错误管理方式，多年积累下来的传统和现实的矛盾，在 2005 年年初最终爆发，并导致了菲奥莉娜的离开。

其实，我们无须质疑像菲奥莉娜这样级别的管理人的能力，但她的案例告诉我们，即使再高能力的管理人，也很有可能在工作生涯中犯错。而企业所有者应该做到的是充分了解这些错误，并及时对他们的错误给出提醒。对于渴望企业成长的企业老板来说，这样的了解是充满必要的。

下面就是职业经理人常犯的错误。

1. 拒绝承担个人的责任

职业经理人身处的位置决定了他们绝大多数情况下是去关注员工是否履行了责任，但与此同时，由于环境的特点、监督的缺失导致他们往往意识不到自己面对企业所承担的责任，乃至发展成为对个人责任的拒绝承担。

2. 只看工作结果

职业经理人的时间和精力有限，工作压力较大，因此总是只想去控制工作的结果，而并没有想到从过程上影响工作的过程。实际上，只有充分了解企业运行过程中人的因素，才能对工作过程了如指掌并提高企业生产效率。

3. 不能区别对待员工

职业经理人经常用同一种方法去对不同的员工进行管理，无法认清员工的个性差异，无法正确对待他们的优缺点。一些职业经理人总是想在最短时间内一次性解决绝大多数员工的问题而不是进行专门的解决。

4. 只会做员工的伙伴

不成熟的职业经理人常常试图只成为员工的伙伴，但这种工作思想常常导致他们所管辖的范围形成多头管理，缺乏真正的领导。这样，员工会逐渐轻视经理人存在的意义和价值。

5. 盲目附和

职业经理人有可能错误地将忠诚和附和联系起来，认为自己就应该对老板的所有意见进行贯彻执行而不能提出意见。这种工作思想看起来会让

老板感到很舒服，但实际上，经理人应有的工作职能和作用并没有发挥，也谈不上正确的工作态度。

6. 忘记利润

职业经理人制度之所以存在，是因为企业所有人对利润的追求。因此，无论职业经理人做怎样的工作选择，都应该集中注意力在对企业利润的追求上，而不是忘记利润问题。

7. 过多注意业务

由于之前工作的影响，职业经理人有可能带有过多注意业务工作的习惯，他们可能将企业的管理等同于对业务工作的管理，失去了自己的工作目标。

8. 不去培育人才

职业经理人的主要工作目标在于让企业经营活动持续长久，而经理人常见的错误也包括只想到自己的努力，而没有想到通过自己的培育，为企业开发和培养出更多未来的管理接班者。

企业家胸怀决定企业未来

决定企业未来的因素是多元化的，既有着硬件因素，包括企业的资金、资源、人力，也有着企业面对的市场、所处的环境、具体的产品技术等软件因素。不容忽视的是，企业家个人的胸怀，也将决定企业的未来，一个有着宽阔胸怀的企业家，才能够容纳更多不同类型的人才，接受他们的性格和能力特点，并为之所用，带给企业更好的明天。

——效率革命智慧箴言

中国古老的智慧中有这样一句话："上德若谷。"意思是说，有道德的人，能够做到胸怀广阔，其内心如同空谷一样，能够给人以关心、包容。作为企业老板，理应具备豁达、开放和包容的胸襟，然后才能给予下属和员工更好的激励。那些心胸狭窄而缺乏足够宽容力的人，难以在事业上成就其成功。

其实，人非圣贤而孰能无过，企业的老板需要对下属宽容，并不仅仅是因为给自己的下属一个"面子"、一个"机会"，同时也是为自己利用企业人力资源带来更好的机会。当下属在错误或矛盾中认识到了工作的特点、增强了工作能力或者更好地改变了工作态度之后，他们的转变很可能就会让老板的企业受益匪浅。

日本松下公司创始人松下幸之助，他对企业的经营管理技巧高超，而且管理方法很先进，曾经被称为"经营之神"。同时，松下幸之助也因为他对下属管理手法的高超，而备受整个集团员工的爱戴。

例如，后藤清一原来是三洋公司的高层管理领导，他被松下幸之助的管理理念所吸引，于是跳槽来到松下公司，被任命为一家厂的厂长。后藤原本想要好好做一番事业，但没想到，由于自己的工作错误，一场大火将工厂变成了废墟，给松下集团带来了巨大损失。面对这样的情况，后藤非常担忧，觉得自己这样的错误不仅让职位不保，还很有可能被追究刑事责任。而且，松下对下属的管理一直很严格，有时候为了一件小错误也会发火。

然而，令人没有想到的是，松下却并没有对他太多责备，而是在接到报告之后说了四个字："好好做吧！"松下这种做法深深打动了后藤的心，由于这次的火灾他个人没有受到任何处罚，因此他心怀歉意，更加努力为松下集团忠心耿耿地工作，用加倍的工作效率来回报企业。后来，他为整个公司创造的价值远远超过了那家工厂的损失。

其实，松下并不会姑息任何下属的错误，但他知道，如果就这样将后

藤工作下去的信心和勇气击垮，整个企业都无法得到任何收益。正因为自己采取了宽容的胸怀，包容了对方，反而能够激励他去勇于对自己的过失主动弥补，并为公司做出更大贡献。可以说，这样的胸怀不仅仅是企业所有者品质的表现，更是他对整个企业领导艺术的凝聚。

想要企业获得高效率，就要懂得用宽容的胸襟来激励下属。不仅仅是面对那些犯错的下属，而是应该善待所有下属，这样，他们才能从老板的态度中汲取力量、获得前进的动力，而拥有豁达、宽容的胸襟，才是成功领导人需要走出的第一步。

企业家在容纳人才方面，应该做到以下几点：

1. 能容纳才能超过自己的下属

毋庸置疑的是，企业家之所以能够拥有一个企业，必然和其个人能力、经验、思维、理念难以分开，但这并不代表其所有的下属员工都在各个方面不如他。换一个角度思考，如果企业家用的人才都不如自己，那么这样的企业的生命活力也就难以确保。因此，企业家应该有足够的胸襟去容忍、保留和引导、培育那些才能比自己更突出的员工，并最终利用他们的才能为企业的发展服务。

2. 能容纳不同意见者

对于企业中那些喜欢提出不同意见的下属，不少企业家都感到头疼不已，觉得他们几乎就是天生脑后有反骨的典型。但是，这样的人才之所以喜欢提出不同意见，有很大原因是因为他们有着较为独立的思想、仗义执言的勇气和对企业关心负责的态度，而并不仅仅是为了提出不同意见，因此，只要企业的老板调整好心态看待他们，就能发现他们并非完全是不和谐的声音，而是可以调动和利用的资源。

3. 能容纳有缺点的人才

老板要有宽阔胸襟，还表现在对有缺点的员工的容纳上，这是因为即使是优秀的人才，也有其短处，而且其个人的优点和缺点往往是相伴相生的。企业家要利用他人的长处，就应该在适当的范围之内，允许他表现出缺点，才能让整个企业更加团结和谐，并具有自我更新的动力和空间。

4. 能容纳曾经反对过自己的下属

即使是企业老板，也不可能从来没有被反对过。但在如何对待这些“反对者”的态度上，能够展现出老板心胸的区别。而真正能够有所作为的企业老板，对于曾经因为见解不同或者短期利益不同而反对过自己的下属，都应该不轻易记仇，而是重用其才能，将之为己所用，才能做到良好地充实企业的人力资源，提高企业的员工士气，带动企业的发展速度。

用未来的钱激励今天的人

对于企业员工的管理，离不开对其进行的各方面激励，而其中见效最快、最容易激发员工积极性的，就是薪酬物质方面的激励。然而，一个现实的问题是，提高对员工的物质激励程度，势必会引起企业成本的增大，这样的矛盾经常让企业家感到无所适从。面对这种困境，最好的方法是不妨去向未来“借钱”，作为今天用来激励的良好资源。同时，这样的激励姿态和策略，也能更好地获得员工的支持。

——效率革命智慧箴言

一个问题长期困扰民营企业的持续发展，并形成许多民营企业的发展瓶颈。这就是这些企业应该如何激励员工（尤其是高层员工）在创业之后成功守业，如何通过设计一套卓越有效的激励模式，来实现企业基业长青的经营目标。为此，不少企业的老板都需要在人才激励方面找到能够保证

长期有效的绩效激励方法。

按照企业的相关统计情况表明，在全世界500强企业中，已经有将近九成以上的公司为其高层员工采取了股票期权报酬制度。在美国这样的发达国家中，不少公司高管的薪酬比例是：基本年薪最多占15%左右，奖金占13%左右，福利计划占7%，而长期激励计划（也就是“未来的钱”）要占65%甚至以上。

总结起来，利用未来的钱来激励今天的人才，其主要方式有以下几种：

一是股票和期权的方式。期权属于财务长期激励的一种。值得注意的是，财务激励是用一年来作为期限划分的，短期内的激励计划主要包括奖金和当年的分红等。而长期计划包括给予股票和期权。例如，谷歌公司上市之后，拥有公司股票和期权奖金一半总数的几乎所有员工，都在一夜之间起码成为了百万富翁，这对整个公司的激励效果显然是惊人的。

采用股票和期权的激励方式，其主要作用在于保留员工中的人才，而究竟选择哪些员工进入企业的股票和期权激励计划中，也要有不同的衡量标准：一方面，企业的人力资源管理策略应该从员工的角度即微观到个人的角度来判断每个人对企业的影响，并结合企业重点的关键岗位进行长期激励；另一方面，企业还需要从宏观角度来计算成本，即将股票和期权这些“未来的钱”计入成本中，并确保不会在公司上市之后发生问题。

二是虚拟股票计划。这种长期激励计划是指公司的经营者能够获得一定数量的虚拟股票，而这种虚拟股票的所有权并不在他们手中，只是能够享受股票价格的“提升”所产生的经济效益，以及享有这些股票分红的权利。因此，企业老板给予经营者的实际上是一种股票增值权，即他们能够通过规定时间内、一定数量的“股票”价值上升而获得收益。这种计划同样也能促进员工们为了未来的钱而做好目前手头的工作。

三是特定目标计划。这种方法在于设定企业的计划中一些特定的工作目标，而这些目标通常相当重要，但不可能在短期内实施。因此，企业老板可以专门设定出需要3~5年才能完成的目标完成计划，从而激励下属对长期的战略目标施加更大的关注。

在这种目标计划的激励策略中，最为常见的方法是使用目标奖金制度。这种奖金制度是一年一次评比，而评比的标准则是公司在前3~5年内战略计划中原定的目标实施情况。利用现金计算的特定目标计划奖励制度较为常见，也可以用股票支付，而如果在目标达成后只支付部分奖金，那么剩余部分可以采取其他的方法延期处理，但原则是一定要保护员工的积极性和工作热情。

举个简单的例子，××石油化工有限公司属于××集团公司下辖的子公司，由集团公司投资2.1亿元进行筹建，年产150万吨石油化工助剂产品。厂内现有员工120人，其中高级职称8人，中级职称10人，主要从事“中添”国标汽油（93#、95#、97#、98#）、“中添”MYZ-30抗暴清净剂、变性甲醇添加剂、防腐剂等几十种产品的开发和生产。

经讨论，该公司的股改激励方案如下：

第一步，关键岗位身股。

银股占比50%；身股占比50%。

具体方案为暂时发放给符合条件的45%；预留身股5%给后加盟的团队精英；公司利润50%留作发展资金，分红为净利润的一半；发展基金作为下一步转银股的股本，不能转银股的人，到期分红；年度结算当月发放分红100%。

其中，身股发放须具备一定条件：高层通过试用期；经理做满一年发放身股；技术骨干做满两年；股随岗变；离职则放弃；身股无表决权；不得转让和买卖；保密约定。

第二步，身股转银股。

公司业绩达到IPO条件；个人业绩达到公司条件。

具体方案为总股数量不变；现在所拥有的身股数量最多可以拿出一半转银股；总股数 = 第一步的身股数 = 第二部转换的银股数 + 剩下的身股数；部分关键岗位身股转银股；每股价格为当期市场估价的1/2（相当于买一股送一股）；允许不购买；可用分红（预、存）抵付。

另外，为保证创始团队的整体利益，获得银股的所有股东和大股东组建注册的股份制公司，共同控股××化工；引入风投后，新公司作为控股公司选派董事参与新公司的治理。

其实，不论采取什么办法，企业的所有者应该意识到，老板这个角色并非仅仅是告诉别人应该如何去工作的，而应该激发整个企业的下属和员工产生长远的抱负，并能够明确目标并勇往直前。利用未来的钱，给员工一个能够长期奋斗的动力，并让他们在公平合理的激励机制下奋勇前进，往往比什么动听的口号和理性的说服都要更为管用。

以下是开展长期激励时所应该注意的问题。

1. 建立必要的内部机制作为配套条件

在企业进行长期激励之前，企业所有者应该先着手在企业内部建立科学和严格的绩效评价体系。比如，对经营者所创造的业绩考评做到科学和严格，而不仅仅是用年度内的经营盈亏来作为标准，从而形成行之有效的企业绩效考评方法和过程。同时，还要防止在长期激励的过程中，一些企业的高管弄虚作假、谎报成果等可能发生的不诚信行为。

2. 建立有效的资本市场

长期激励的体系设计过程中，很容易涉及股票如何变现的问题。而变现的过程是在市场上进行转让，但必须要做到整个企业的股价确实能够反映公司的目前经营业绩，否则就很难收到应有的激励效果。因此，企业应该努力获得有效的外部市场条件，才能创造更好的长期激励体系。

3. 长期激励应该侧重于拉大经营者内部的收入差距

企业所有者应利用长期激励的体系设计，将经营者内部不同职位的收入差距拉大，而其中不同职位的不同年薪差距则并不需要太大。一般来说，普通高管人员的固定年薪差距不应该超过2倍，而差距也主要体现在股票期权上的区分。

当然，长期激励并不是万能的，用未来的钱激励今天的员工，只是激励方式中的一种。而长期激励也只有和短期激励充分结合，才能获得更加完全的效果。

让职业经理人成为创业人

企业家作为企业所有者，无疑是企业的创始人。作为创始人，企业家才能聘请并管理职业经理人，并希望从他们的工作过程中获得应有的收益。但问题是，如果职业经理人并没有完全将个人利益同企业的创始人利益充分结合，他们往往就不能在工作过程中发挥充分的潜力，将企业的利益通过切实管理而最大化。因此，企业所有者不妨让职业经理人也成为创始人，走入企业的所有者的行列，并就此让双方利益获得根本的协调和统一。

——效率革命智慧箴言

在传统的企业经营体制中，职业经理人和企业老板（或股东）之间的关系较为简单固定：委托—代理关系。股东委托职业经理人来对其资产进行经营管理，而职业经理人从中获得自身的薪酬作为报酬。但事实上，在这样的关系中，由于信息不对称的问题，企业所有者和职业经理人之间的契约并不完全平等，很大程度上需要依赖于经理人自身的素质来自律。同

时，企业所有人和经理人在工作中所追求的事业目标也不一致，老板或者股东希望自己手中的股权利益最大化，而经理人则希望自己在企业中表现出来的价值最大化。因此，股东和经理人之间存在着一定的风险，需要充分的激励和约束机制来引导。

为了使得经理人能够关心企业股东的利益，让职业经理人也能获得“创业者”的心态，并在这种心态下将自己和股东的利益追求趋向一致。针对职业经理人推出专门的股权激励方案是很好的解决办法，这种方案可以使得经理人在一定的时期内持有股权，并享受这些股权带来的利益，从心态上关心企业的价值增加，而不仅仅是实现短期的财务上的指标。这样，企业的职业经理人就能够拥有“创业者”的角色意识了。

可以肯定的是，通过股权激励对职业经理人的改变，能够防止他们的短期行为，并引导他们做出有利于企业发展的长期行为，帮助他们更多关心公司长期价值。

能够让职业经理人成为“创业人”的股权激励模式，主要有下面几种。

业绩股票。即当职业经理人能在时间点之前完成预定目标，公司给予一定的股票或者购买股票奖金，这种股票的流通变现都有着明确的时间和数量上的限制。

股票期权。即职业经理人能够在规定时间内用事先约定的价格购买公司的流通股票，而这种行权行为也有时间和数量上的限制，但需要职业经理人自行支出现金。

股票增值权。是授予职业经理人的权利，当公司股价上升时，职业经理人可以通过对权力的行使来获得相应数量的升值收益。

限制性股票。指事先授予职业经理人一定数量的公司股票，但对其股票的来源和出售有具体的限制，当职业经理人能够完成特定的工作目标后，可以将这些限制性的股票在市场上抛售。

延期支付。即企业所有者对经理人设计出其收入计划，其中包括一部分股权激励，这些股权激励到达期限以后采取公司股票的形式来支付给经理人。

经理人持股。即可以让职业经理人持有一定数量的公司股票，这些股票是公司对经理人无偿赠予的，或者是公司补贴经理人购买、经理人自行购买的。当股票升值之后，经理人可以从中受益，而贬值则会遭受损失。经理人实际上成为企业的股东，和其他股东共同承担风险、享受利益，并由此改变公司的股权结构、控制权结构和资产结构，做到持股管理和经营。

上述激励模式，都是通过不同方式，让职业经理人的利益同企业的股票价格产生关联，而激励对象所获取的收益，同企业实际的股价有着紧密联系。在这样的激励体制下，他们会充分关注企业的长期利益，并转变局外人的心态，变成企业的主人。

在将经理人变成企业创业人的过程中，采取股权激励的方法，能够发挥引导经理人长期行为的作用。其中主要应该注意下面这些机制的运行。

1. 自由选择机制

充分自由的选择机制，才能完全保证经理人的素质基础，并能够确保其工作行为更容易受到长期的约束引导。相反，如果企业采取行政任命，或其他并非市场自由竞争选择的方法来确定职业经理人，那么其立场往往很难和企业的股东保持一致，即使运用了激励约束机制，也不容易引导其产生良性的创业人心态。

2. 有效评价机制

对职业经理人进行的评价，应该建立在市场评价的基础上，才能做到有效客观的评价。如果不根据市场中业绩的表现进行合理公正的评价，那么，经理人的自由选择和激励约束也就难以发挥作用，而让经理人成为

“创业者”的手段所发挥的作用也就相对有限了。

3. 控制约束机制

虽然通过股权激励来让经理人成为“创业人”，但与此同时，也需要利用正确的控制约束机制来对经理人的行为做出应有的限制。这些控制约束机制除了法律法规之外，还包括公司内部规定、管理系统等。通过这一系列的控制约束，能够防止经理人的不利于企业的行为，从而保证他们真正只能成为公司的“创业人”而健康地促进公司的发展。

晋商模式的思考

> 追求利益，是人性中最值得挖掘的部分，在不同的发展阶段，每个人追求的重点不同，但绝大多数人都先要满足物质利益，再自觉追求精神利益。正是对这样的规律有着充分认识，中国的晋商在几个世纪的探索之后，形成了一套对员工利益有效满足并做到有效激励的宝贵经验。
>
> **——效率革命智慧箴言**

从清代中叶开始，晋商的股份制度逐渐完善。其中尤其是在晋商的“票号”企业中，银股和身股并存的股份合作制获得了普遍实行。

通常来说，晋商票号的资本分为正本和副本。其中，正本是股东的合约投资，只享受红利；而副本则有两种：第一种是企业所有者、管理者或者员工遇到账期时，从分红中提留一部分存入号内，这种提留也同样不分红只有利息并不得随意抽取；第二种是票号东家的自身存款。因此，票号的实际资本是大大超过其名义上的资本的，而资本中的主要核心构成，就是从所有者、管理者到员工所出的“银股”。

而更加具有特点的则是票号的身股。这种股份更加接近今天的技术股、管理规定等，是一种虚拟股票。身股的产生，代表了晋商的智慧，他们将员工在企业劳动的资历有效划分，并形成不同的身股，这种身股只参加分红，而不承担企业的亏损责任，同时，身股也没有继承制度，只和员工个人的工作身份有关系。另外，身股在晋商的股本所占比例是不断提高的，以晋商票号大德通为例子，企业创建时，身股只占到32%左右，而当企业鼎盛时期，身股占到接近55%。可以说，身股成为了企业中激励员工最有效的方式。而身股为大的制度，留住了人才，加强了家族企业的核心竞争力，保证了家族企业的有效传承，促进了晋商的迅速强大。

围绕身股制度，晋商还有一系列的其他办法作为相应的协调配套制度。比如，“倍股”“厚成”“公座厚利”“预提护本”“财神股”“狗股”等办法。

倍股，指股东未分红时，提留一定比例的红利，充作流动资金；厚成，即折扣部分资产，使商号实际资产超过账面资产；公座厚利，则是对银股身股之前提取部分红利，参加流通周转；预提护本，是商号分配之前提取的风险基金，以防止亏赔倒账。此外，晋商为了避免分光吃尽、不留后劲的短期行为，还通过财神股和狗股等办法增加公积金，充实自有资本。

身股是晋商特有的制度，其他省份的企业并没有采取这样的制度。那么，晋商为什么要采取这样的制度呢？

看起来，企业所有者将利润的一部分让渡给整个企业的员工，失去了眼前利益。但是，由于身股的出现，获得了员工忠诚度的提高，并激发了他们为了追求长远利益而工作的热情。这样，员工的工作心态和工作表现就会完全不同了。

在电视剧《大盛魁》中，身股制度的积极作用被表现得淋漓尽致。例如，大盛魁后期主要是靠伙计的忠诚维系企业生存，可以推想，如果没有

身股的制度，缺乏企业所有者或经营者的有力管理，企业很可能陷入衰弱，而在身股制度的影响下，员工们即使面对无能的企业所有者也会竭尽全力，是因为他们明白自身的利益同企业的利益一致。

随着时代的发展，身股在今天同样可以发挥其作用。《中华人民共和国公司法》第 35 条规定：公司（股东）可以不按出资比例进行分红，且分红权可以随意约定。这就意味着下面这些要求的合法化：首先，身股分红需要经过企业股东会表决通过；其次，身股对象并不承担股东的财产责任；再次，身股对象没有表决权；最后，身股对象不需要支付股权的对等价格。

而相对于此，银股则意味着出资人根据其出资（货币、实物、无形资产）而享有的股东权益，《公司法》第 4 条规定：公司股东依法享有资产权益，参与重大决策和选择管理者等权利。包括分红权和公司剩余财产的分配权、重大决策权，同时以出资额度作为承担财产的责任。

回首晋商的发展历史，对其模式总结，不能不敬佩前人在其所处的历史环境下所焕发的智慧。结合历史，我们可以从以下角度去分析银股和身股制度。

1. 银股制度的意义

通过该制度，可以将产权人格化，确保经营者和员工的股份能够代代延续并获得继承和转让。因此，他们不仅会关心企业的今天，还会关注企业的未来。同时，银股制度能够将当期的分红和传承作为共同动力，将富有才能的员工留住，并对他们有效地激励和约束。

2. 身股制度的意义

这一制度强调按照员工的能力来设置，因此，可以在小企业的规模之外广泛挑选员工，确保员工的能力和忠诚。另外，这一制度没有转让和继承权利的特点，也确保了有资格成为企业员工和管理者的成员大都是精英，确保企业员工队伍血液的新鲜性；而身股在企业分红中比例高达六成以上，同样能够确保员工工作的自主性和自觉性，更深远的意义在于，即使企业所有人发生判断错误或者能力缺陷时，这样的员工也完全可以发挥其作用来对老板施加影响。

总之，晋商的股权制度确保了企业的所有者、管理者和员工在长、短期效益上都有了长效的保证机制，值得今天的家族企业、中小企业模仿和学习，从中吸收有益的经验。

民营企业的股份制改造

目前，中国民营企业已经成为国民经济发展中的重要组成部分。在这样的大环境下，由于面对市场的发展和产业结构的转型，民营企业的问题开始暴露，很大程度上制约了企业的进一步发展。因此，越来越多的企业希望通过股份制改造提高效率、拓宽渠道并提升企业核心竞争力。

——效率革命智慧箴言

民营企业的股份制改造，是一项全面的系统工程，必然会涉及企业经营管理的不同环节。因此，民营企业家必须要了解企业股份制改造的相关基础知识，并认识到其中的常见问题，才能准备好相应的应对策略。

对民营企业进行股份制改造，应该首先立足于相应的法律依据基础上。《公司法》第 4 条规定：公司股东依法享有资产收益参与重大决策和选择管理者等权利；而第 35 条则规定：股东按照实缴的出资比例分取红利；公司新增资本时，股东有权优先按照实缴的出资比例认缴出资。但是，全体股东约定不按照出资比例分取红利或者不按照出资比例优先认缴

出资的除外。

这样的法律依据，明确指出了民营企业股改的最基本目标，而这样的目标和民营企业成立之初时的特点也是分不开的。在民营企业成立之初，常常是以家族合伙制度构成的。股东之间共同面对竞争压力进行创业，不会将产权问题当成大问题。

这样的现状，决定了民营企业必须要首先明晰产权，用产权的不同来决定股东表决权和受益分配权的大小。同时，股份改造还需要为企业建立起合理的组织机构，并完善内部控制制度。通过实现这样的目标，股改可以同时完成股权激励的过程，并提高整个企业的组织效率。

举个××品牌女装下属加工厂的联邦制发展的例子。

该品牌有多个少女、淑女、少淑、少妇服装品牌。在国内有自营店123家，加盟店170家；所有服装委托集团的下属企业加工，内部结算；下属的加工企业偶尔也接一些其他公司的订单，代工；加工厂的车间主任年度离职率60%，离职后都是自主创业，买、赊、借、租几台设备，就自主创业，成为公司的竞争对手。

并且，该品牌借用古希腊的城邦制管理体制，学习美国联邦自治的精髓，充分授权，各自发展的经营模式，将下属的服装加工企业工序不同的五个车间，变成五家各具特色的加工厂；每一个车间主任都变成工厂总经理，另配业务助理一名，财务一名。对内对外独立核算，扩充代工业务；每家工厂初定年度上缴利润（完成自有品牌的加工，基本可以完成此项指标），工厂和总公司的利润分成比例为3：7；超出应缴利润指标的部分，分成比例倒置7：3。

经分析，该品牌的股份制改造策略为：为避免内部恶性竞争，设总协调人一名，任务是处理5家工厂的内部矛盾，硬性规定，5名总经理轮流坐庄协调人作陪，每周聚会一次，喝酒聊天，信息共享、处理矛盾（彻底解决恶性竞争问题）；每位总经理的名片硬性规定必须印刷成：总经理（老板），虽然很土，收效甚好；总经理对自己的工厂负责，有充分的自主权，特别是定价权、采购权；遇到资金问题，可向总公司借贷，利率略高于贷款；各工厂财务独立，总部有审计监督权。

改造后的第一年，该品牌的5家工厂平均完成应缴利润额224%；每位总经理和经营班子应分得利润总额超过200万元，总经理个人约占70%，约140万元，工资福利除外。

改造后的第二年，总公司将5位业务助理调离（派去时已说明），另外成立5家新公司，助理变成总经理，扩大规模，并各自招募助理，公司承诺继续扶持助理一年后另立山头升为总经理；

改造后三年内总经理、助理中只有一位离职。

可见，当企业发展到一定规模之后，企业需要划分并根据每个人的投入、贡献的不同，来决定企业的未来经营方针和策略。这就需要用股份制改造来建立现代企业制度。

下面是企业股份改革的“七定”原则。

1. 定量

即确定股改方案中利益（即股权）的总量。

总体的原则是，当公司处于迅速成长阶段时，需要大量资金投入支持，可以少分红利乃至不分红利，而是对员工分出未来的期望；如果公司并不需要大量资金投入，也可以高比例分红；如果公司已经处于稳定发展，获得稳定资金流，则可以提取适当比例利润来给员工分红，其具体比例应该参考公司规模。

2. 定类

即确定股改方案中股份的性质（包括银股、身股）。

定类所包含的基本形式包括：身股、银股、身股期权、银股期权、注册股份、限制性股票等。其中的组合形式可以自由选择搭配，而每个公司可以根据自身情况来选择。

3. 定价

即确定股改方案中不同股份的取得价格、获得条件。

一般来说，银股是有偿取得的，可以按照注册资本的比例进行定价，因为一般企业的实际价值高于注册资本，所以这也同样是一种优惠；或者按照公司的净资产定价计算出每股价格。当然，也可以按照公司的实际价值定价，需要经过必要的审计评估才能进行。

4. 定岗

即确定参加股改方案的岗位。

这一步骤需要对企业成员进行不同维度的分类，可以将他们按照对公司的贡献分为：功臣（即对企业做出过重大贡献的人）、能臣（即现在对企业最有用的人）和苗子（即未来会成为企业骨干的人）；也可以按照员工的年龄，如老年人、中年人、青年人；或按照他们的工作职务层次如高层、中层和员工等。总的原则是，对企业重要的人群给股份，对企业重要性一般的人给钱。同时，定岗时还应该考虑到不同职能部门之间的平衡，但并非均衡。

5. 定时

即确定股改方案的起止时间，以及其中不同配套制度规定的时间。

需要注意的是，股改方案的起止时间要能够精确计算，一旦制定好之后，就应该积极遵循贯彻，按照时间的限制来进行相关股改工作的推进。

6. 定变

即确定身股转为银股的有关规定、行权的有关限制等。

定变的主要内容包括：股改过程中有无身股向银股转化的设计，有无相关转化的条件和规定，整体来说，激励方式是否有变化和调整等。

7. 定规

即确定能够保证股改方案实施的相关规章制度。

相关保障的规章制度一旦制定出来，就要得到严格地执行，并以此确保股改方案能够获得有效地实施。

薪酬之外的激励机制

企业老板和管理者对员工的激励，除了薪酬和股份之外，还可以通过其他的手段来实现。下面介绍的就是三种在并不增加薪酬，也无须动用股权的前提下，所使用的激励机制。

1. 参与公司事务的机制

员工是企业的基层力量，他们常常最先了解企业面对客户的需要和不满，而他们的意见和建议，也能够提高对客户服务的质量。因此，企业应该努力增加他们参与公司事务，打造员工进入公司事务管理的机制。通过让员工进入企业事务的决策过程，能够为企业的变化和发展带来良好的改善思路，同时，也能够及时帮助员工增强工作成就感、获得对企业的归属感。而企业中关系到整体的决策事务，通过员工代表的参加，也能够有效避免决策的片面。

2. 及时表彰

老板可以在和下属进行充分沟通的基础上，及时根据企业中不同的岗位职责、工作任务，对员工的工作行为进行考核评定，做到奖优罚劣。可以对业绩突出的员工采取告示、板报、橱窗、内刊、邮件等方式，对其先

进事迹作出公布，这种表彰的规模越大，激励效果越好。

3. 充分沟通

沟通同样是一种既容易操作、成本也较少的激励方式。在企业中，老板除了通过会议和不同部门、不同员工进行充分的工作沟通之际，还可以通过和下属共同工作、了解市场等时机，对他们进行一对一的沟通指导。或者采取召开各部门联席会议或者内部会议的形式来查看不同部门之间的工作状况，并进行指导。当然，也可以让员工和自己一对一在办公室交谈，或者通过电子邮件、短信、电话等进行沟通。

4. 及时培训

不论身处何种工作岗位上，员工都希望自己能有足够大的学习平台和成长平台，因此，企业老板对他们进行持续而系统的培训，是一种较好的激励方式。通过这样的方式，打造能够支持企业持续发展的体系，这样，员工和企业之间良好互动，做到共同发展。

5. 企业活动

通过举办全体员工参与的活动，能够帮助员工感受到企业内部的家庭文化，这也同样是一种良好的激励形式。例如拓展训练、演讲、辩论、学习交流、征文等活动，可以让员工充分参与，增强对企业的归属感，并让企业充满活力。

薪酬对员工的激励并非唯一，除了薪酬激励之外，企业家应该设计出更多的激励方式，和薪酬激励相互补充、相得益彰。

第八章　效率提升新境界：家族企业的公司治理与接班人计划

家族企业的特征和未来

> 家族企业，是中国民营企业中普遍存在的企业组织形式，同时，也在世界经济舞台上始终扮演着重要角色。改革开放三十多年来，中国的家族企业正在以飞速的发展进度，争取走完发达国家市场经济条件下几十年乃至上百年家族企业走过的道路。而在成长的道路上，只有清楚家族企业特征和未来的人，才有资格达到最后的目标。
>
> **——效率革命智慧箴言**

中国家族企业是民营企业的主要企业形态，大约占90%。在今天这个激烈竞争的市场中，家族企业表现出和其他企业有所区别的特征。

首先，家族企业创业类型区分明显但又有着共同的联系：据统计，家族企业的创始类型分别包括父子合作、兄弟联手、夫妻联手和个人独创四种方式。其所占比例分别为3%、17%、25%和55%。其次，家族企业通常都有显著的世代传承性，比如以美国福特汽车公司为例，从创始人亨利·福特开始，到目前担任该企业董事长的比尔·福特，已经传承了整整四代人。同样的情况还包括中国香港家族企业李嘉诚家族、郭德胜家族，欧洲的保时捷家族，新加坡的杨协成家族等。

综合观察这些家族企业，其特征中既有着优势，也有着劣势。其中，优势包括：

1. 企业创始时期管理成本和监督成本较低

家族企业在创立初期主要是有血缘关系的家族成员投资和参与，因此，企业内部有着天然的凝聚力量，能够保证企业管理层之间充分默契。

而这些优势无疑会节约企业在发展初期用于管理和监督的成本，并能够促进企业迅速成长壮大。

2. 企业管理中决策效率高

家族企业中成员有着一致的利益，这种一致性会缩短决策过程，并提高决策的效率。同时，由于家族企业管理核心通常是家长居多，这样的权威领导也能提高决策效率。

3. 信任度较高

家族成员之间虽然也有着利益关系，但传统家族制度和文化特点带来的影响，还是形成了以家族关系为纽带的信任。这种信任程度尤其导致中国私营企业在创业过程中看重家人之间的信任，并解决了创业初期因为信任度不够而无法获得足够力量参与的问题。

当然，目前来看，中国家族企业的特征中同时也包含一些劣势，如企业财务管理水平较低、企业人才缺失较严重、决策的风险程度较高、缺乏企业内部完善的治理机制等。

总体来看，中国家族企业的经营模式在其创业初期，能够体现出企业的核心优势，但是当创业后期到来时，这种带有强烈特征的企业模式有可能变成企业发展的阻碍。如何在未来的发展中，对这些特征扬长避短，从而确保家族企业能够获得可持续发展的动力，这是家族企业管理者无法回避的重要问题。

家族企业的未来，应该有着以下健康的规划目标。

1. 财务管理方面

在财务管理方面，家族企业应该提高企业管理者、财会人员的财务管理能力、管理意识和工作素质，在整个企业内实现财务制度的规范化、预算化和信息化，能够建立起科学、实用和谨慎的成本管理机制，从而提高家族企业的经济效益。

2. 人才管理方面

家族企业也应该积极引进优秀和创新的人才，打破原有那种任人唯亲的传统，做到唯才是举。同时，在选择接班人方面，企业创始人需要意识到，家族企业的传承并不完全是财产继承，应该选择真正有能力的接班人，将企业发展和壮大。

3. 决策体系问题

家族企业应该加强公司治理体制的变化，将管理层次细化、管理职责明确，还可以引进职业经理人来运营管理。同时，整个企业应该制定出严格的规章制度、明确的奖罚措施等，做到整个企业上下遵守，从而制定出适合企业现实的发展策略。

创始股权——风险与利益的共体

将家族企业做大做强，包含两方面的因素：其一是家族企业的创始，其二是家族企业的传承。如果缺乏足够强大的创始人带领家族企业腾飞，很可能整个企业在之后的传承会受到影响。而问题是，一旦家族中的创始人成为企业的核心人物之后，其手中的创始股权也成了风险和利益同时并存的“双刃剑”。正确地处理这柄“双刃剑”，将会决定家族企业的走向。

——效率革命智慧箴言

有这样一个问题值得人们深入思考：企业做大做强，是否意味着一定要“去家族化”？当家族企业的股权被分配给经理人之后，是否就足以保证引进了优秀人才？而民营企业尤其是其中的家族企业，又是否只有走向公众企业这样唯一的选择？

回答了这些问题，也就等于解决了怎样去维护企业创始人股权利益的问题。同时，家族企业的创始人和职业经理人团队之间的股权怎样进行分配，并如何在这样的分配下保障家族系统和企业系统的利益与目标充分一致、家族和职业团队之间的游戏规则、应有的激励和约束机制等，也能够从正确对待创始股权的态度中得到清晰。

实际上，根据笔者多年的咨询经验来看，家族企业是否能够做大，并不完全看家族中的管理者是否把握企业的核心管理位置，即使家族成分完全退出，如果没有处理好创始股权的分配问题，整个企业的治理结构还是可能存在很大问题。

与此鲜明对照的是，那些成功的家族企业往往还是对企业创始人有着千丝万缕的依赖，这种依赖带来的也并非完全是负面影响，很可能体现出的是整个企业对创始股权的重视程度。

例如，2012 年年初，香港珠宝大王、香港地产四大天王之一的郑裕彤宣布退休，而当年 9 月他因病重入院治疗的消息传出，其旗下公司股价还是出现了下挫。可见，整个市场依然将创始人看作郑氏企业集团的精神领袖。同样，这种对创始股权的依赖，在香港另一家族的企业创始人李嘉诚身上也有同样体现，当他 77 岁时因病入院后，长江系企业的股票也同样大跌。

这种情况说明，企业当时的战略决策和发展前景，和企业创始人股权有着密切的关系。

可以设想，当创始人离任之后，创始股权的变化很可能让企业出现较大的价值损失。按照有关专家对相关数据的分析影响显示，最近 5 年来，那些著名的家族企业创始人离任，通常会导致相关企业损失将近 50% 的市场价值。

其实，家族企业依赖于创始股权，并不仅仅是东方家族企业的特例。以苹果为例，当 56 岁的共同创始人、董事会主席史蒂夫·乔布斯去世后，

当日公司股票价格就下跌了2%左右。

可以说，创始股权是家族企业的重要信心，也是特殊的资产。这种股权是指无法轻易在市场进行买卖，或者可以将之看成有无限成本的交易资产。因此，这种股权是对企业创始人的一种依附，同时能够给企业带来重要价值，因此，创始股权和家族企业创始人个人的兴趣、能力、创意、理念、人脉关系、领导模式等，都有密不可分的联系。然而，正因为创始股权有如此重要的意义，如果不能很好地选择创始股权的继承、出让的方法与目标，家族企业又很可能因为创始股权这样的地位，而受到重大伤害。

可想而知，管理好创始股权、传承好创始股权，是家族企业创始人迫在眉睫的重要选择。面对如此重要的选择，他们有必要做到以下两点。

1. 上市后依然要掌握控制权

家族企业做大之后，家族手中所握有的创始股权比例，肯定会在总股权中不断减少。例如，曾经是家族企业的IBM、丰田，现在早已不是家族企业而是公众企业。因此，创始人不可能永远操盘家族企业这一事实，必须予以正视。

但是，在家族企业发展过程中，直到家族企业上市之后，家族企业管理者都要意识到抓住家族在企业的控股权是最重要的，也就是维持好创始股权的地位，才能发挥其相应的作用，否则，家族企业的命运很可能不在家族的掌控中。这种选择的重要性，可以从福特家族对控制权的重视中看出端倪：虽然目前该家族只持有公司3.3%的股权，但他们持有的依然是创始人股，因此，他们拥有对公司发展40%之多的特殊表决权。这说明，看重创始股权，才能发挥其应有的利益。

2. 选择好股权传承人

通常来说，家族企业创始人面对的企业规模都很小，一个企业只有一个创始人，而在创始阶段，整个企业都靠个人能力来发展。而创始股权进入第二代之后，情况必然会随之发生变化，更多的人开始分享权力、所有权。

这样的现状决定了创始人必然面对的问题：选择谁来担任股权传承人。是职业经理人，还是家族成员？

目前，国内对职业经理人的职业化程度、忠诚度等，本身还有若干质疑，另外，许多中小型家族化企业没有上市，不可能通过控制权转让之后持续获得稳定经济收益。因此，对于创始人来说，最现实的方法还是在家族成员和职业经理人之间进行长期的观察、了解和判断，从而分析清楚谁才是最合适的股权传承人。

引入资本——钱与权的博弈

> 家族企业发展到一定阶段后，必须要引进来自家族外部的资本。这种新鲜血液的注入，才能让家族企业获得更为强大的竞争力、更加明显的公众化特征，才能让家族企业在其企业规模、治理结构上获得新高度。
>
> ——效率革命智慧箴言

不少家族企业的创始人在和笔者交流时，都流露过这样的想法：引入资本，就是上市，上市，就意味着家族发财。但实际上，这样的想法往往不仅是极端的，甚至是错误的——不少家族企业上市之后，并没有成功。

诚然，家族企业在发展之后，需要引入资本。但是，这样的资本引入并非家族企业一厢情愿的获益，而很有可能是一种金钱和权力的博弈。天下没有免费的午餐，投资虽然不像银行的贷款那样带给家族企业不断的偿还压力，但对于投资主体来说，其承受的风险明显大于贷款方。因此，投

资者势必想要获得更大收益，而家族企业接受投资的成本，比起贷款的成本也要更高。

通常来说，家族企业获得外部投资的来源有以下两种。

一是风险投资。投资者只占据企业较小股权，并不参与管理。这种投资看重的是家族企业的未来，因此，不需要抵押，只需要家族企业提供出较好的产品、项目、技术乃至方案等，风险投资者就可以进行投资。

风险投资主要包括以下几种：天使投资，即投资者基于自身的感觉和知识来对企业进行投资；再投资，即投资人进行的多轮次风险投资；上市前融资，即为了上市而获得更充分的准备金进行的融资。

二是IPO，即上市融资。即将家族企业变成公众公司的过程。在这个过程中，公司起码要有三年的业绩增长，并经过正规的会计师事务所审计。当然，这样的审计过程会相当严格，企业每笔收入款项，都需要有合同、发票、对账单或者小票来表示其合法性。另外，上市融资还需要邀请律师来准备法律事务，这就需要家族企业事先设立好法律部，并由专门的律师来负责这样的工作。总体上说，家族企业融资上市，对于家族企业的管理者来说是个重大的考验。

上述两种引入外部资本的方法都值得考虑，但对于大多数家族企业来说更为现实的，还是选好风险投资这种方式进行引入操作。而在引入外界资本之前，对于家族企业的创始人和管理者来说，有下面三个需要思考的问题。

1. 家族企业有没有能力去扩大

不少家族企业的创始人都曾经说过，一定要做大、一定要上市。但问题是，身为家族企业的创始人，想要扩大家族企业，并不只是和创始人的经历、成绩有关，也需要有相应的能力。尤其是通过上市融资这样的方式，更需要家族企业的创始人和管理者需要有大量的知识、经验，包括了解法律、金融、会计等，并具备应有的学习能力。

因此，当家族企业想要通过引入资本扩大时，应该选择和自己能力适应的方式，或者需要经过再次教育学习，提高自己的能力，才能正确引入资本。

2. 衡量好客观环境条件

一些家族企业的创始人在选择引入资本时，没有正确观察企业和自己所处的客观环境。实际上，引入资本，意味着企业的再次创业，企业家不仅个人承受压力，整个家族的亲人都会承受压力。这种压力意味着他们原本获得的舒适生活可能会受到影响和冲击，可能会失去一些既得利益，也意味着他们有可能对引入资本表示反对。因此，如果没有正确观察、评价和衡量客观的环境条件，并不建议企业家盲目开始引入资本。

3. 明确引入资本的目标

为什么家族企业要引入资本？不少企业家并没有经过仔细深入的思考。但问题是，如果没有明确的目标，引入资本的博弈中，企业家很难获得应有的利益。企业家不妨对自己的能力特点充分分析，并明确个人工作奋斗的目标。例如，一些企业家实际上更适合去做创业类的工作，他们引入资本的目标也就难以真正明确，这是因为在引入资本后，企业家需要经过角色的转变，成为真正的职业管理角色，工作性质从创业变成守业。而在这样的情况下，如果没有明确目标，引入资本的博弈道路也就难以坚持了。

风投对股权结构的爱憎

> 风险投资自身的特点，决定了其面对的高风险和高收益。因此，风险投资者不仅需要投入资金，通常还需要用自身的知识、经验和信息网络来帮助被投资企业的管理人员更好地对企业发展进行推动。这样，风投就不仅仅是被动的投资，更多是主动的参与式投资。而在股权方面，风投表现出的倾向性就更为明显。
>
> **——效率革命智慧箴言**

风险投资，也可以称为创业投资，这是指对开创性的经济活动所作出的资金投入。其最大的特点在于集中在企业的创建和开发期间，而由此产生的风险和利益也就相应大于普通的投资。

正因如此，风险投资者总是先去募集风险资本，并设立相应投资机构，从而将资本和被投资企业有机结合。随着被投资企业的经营规模的有效扩大，进入稳定发展阶段，于是风投就能够通过企业的上市、收购或者兼并等方式收回投资并获取利润。在这样的过程中，选择怎样的股权结构，能够做到既吸引风险投资，又不致被风投夺去企业的控制权，是家族企业创始人提高企业经营效率的关键性步骤。

在这方面曾经有过对企业家而言相对失败的案例。

2010 年，服装行业的 B2C 电商麦考林，成功在美国纳斯达克上市，成为了中国 B2C 行业中第一个上市的企业。然而，这个消息对于该企业的创始人和员工来说并没有多少值得庆祝的地方，因为在这家企业的股权结构中，代表风投方的红杉资本持股比例已经超过了 75%，整个股权结构已经表现出一枝独大的特点。

对于风投来说，麦考林的上市成为了他们的大获全胜，而对于企业创始人来说，则已经是和自己关系不大的表面胜利。究其原因，正是因为对风投的不断追求、对企业扩大的不断追求，从而导致股权结构失衡，创始人失去了对企业的控制权。这样的例子并不少见，例如，同一年在纳斯达克上市的海辉软件，其创始人股份甚至不到5%。

当然，为了获得风投，家族企业也需要在创始人的带领下厘清股权结构。这是因为良好的股权结构，才能确保对风险投资的吸引程度。比如，在土豆网获得风险投资之前，已经实施了经理人股权机制，而百度早在2005年上市之前，就做到了全员持股这样的股权结构。

应该说，创始人如何设置公司的股权结构继而影响到公司控制权的分配，并不仅仅是对风险投资的迎合，而是如何去做到利用好风险投资、处理好风险投资和自身关系的关键所在。对于那些具备良好成长潜力的家族企业来说，合适的风险投资，能够让家族企业快速腾飞，但是，当风投方成为企业的股东，进入公司之后，创始人是否能够做到平衡双方权力分配、是否能在融资之后依然保持对公司的控制权，很大程度上取决于企业创始人在企业创立之后对企业股权结构的设立和改变。

实际上，由于风险投资者绝大多数是基于创始人依然控制公司权而进行投资的，因此，创始人因为股权结构变化而失去控制权，那么伤害的很可能是双方利益。有鉴于此，创始人应该从下面三个方面做好股权结构的设计和保护。

1. 创立初期的股权结构

创立之初，家族企业如果只有一个股东，就可以成立一人有限责任公司做到完全控股，如果是两个股东以上一起创立，应该尽量避免50%和50%的情况，应该确保有一方能够对企业具有绝对控制权，而为此，股权结构中应有一方持股比例超过2/3左右。

2. 融资过程中的股权结构

相对其他因素而言，融资期间股权结构的变化，对企业的控制权有着深远的影响。因此，如果家族企业的股权结构在成立之初存在问题，就应该积极调整，然后再进行融资。例如，一般来说，50：15：10：10 这样的股权结构就相对稳定，创始人股东独大，其他创始人股份比例相对较小，而且相互平衡，不容易成为影响企业发展决策的力量，有利于决策稳定。

3. 选择合适的法律条款设计来保护股权结构

在融资前后，创始人往往在建立和调整股权结构的同时，还想建立股权期权制度来激励员工。但这样的行动必须要选择好相应的法律条款来进行保护。这是因为是否能对股权结构做到有效地保护，也会影响到风险投资者对企业的价值分析。因此，家族企业通常应该选择专业的律师事务所来负责进行设计，并确保效果持续和稳定。

婚姻变化对家族企业的影响

> 家族的产生和维系，必然来源于婚姻，而人类的婚姻自从产生开始，就几乎存在着诸多的不稳定因素。然而，家族企业的所有者和管理者作为比较特殊的婚姻群体，其婚姻发生变化的可能性较大，而对家族企业带来的风险影响也较大。可以说，婚姻是对家族企业影响相当重要的因素，企业家需要特别注意。
>
> ——效率革命智慧箴言

目前，中国社会处于特殊的转型时期，可以说，在这样的时期中，国人的婚姻变数比起以前越来越大。根据民政部公布的数据显示，在 2010 年前两个季度，全国平均每天发生离婚登记 5000 次，而这个数字表明，中国的离婚率在过去三十年内持续处于增高的趋势中。

婚姻具备的社会属性，决定了婚姻的变化，远远不仅仅是个人的变化，还会带来一系列的变化，而企业家的婚姻，更会对家族企业产生深远影响。

在普通人的认识中，似乎离婚最多的往往是那些缺乏定力的年轻人，但是，数据调查显示，四十多岁的离婚者占据了离婚登记的多数，而发生在家族企业中的离婚案例则更多。当然，如果从社会认识层面来对此解读也并不奇怪，中年企业家的社会和经济地位，加上历史问题，决定了他们对婚姻的期待有所提高，而一旦发生离婚，也容易引起群体追随效应。但问题是，在选择婚变之前，企业家是否真正考虑到自己对企业所承担的责任？

2004 年，蔡达标的双种子公司正式推出“真功夫”品牌，而蔡达标本人也成了著名企业家。然而，随着蔡达标在婚姻上的出轨，2006 年，他和妻子潘敏峰离婚，并因为离婚而直接导致企业内部股东的分崩离析，甚至发生了持有公司 47% 的潘家诸股东甚至连公司大门也进不去的情况。2011 年，公安部门在掌握了充分证据后，对蔡达标进行逮捕，2012 年，蔡达标因职务侵占和挪用资金等罪名被判处有期徒刑 14 年。

显然，这样的悲剧虽然不能说完全源自婚变，但如果身为家族企业创始人、明星企业家的蔡达标在个人婚姻问题上更为谨慎，也就不会有之后的一系列违法行动，并引发如此的矛盾激化了。无论从个人、家庭，还是从企业来看，这都是一个值得吸取的教训。

应该说，中国的家族企业绝大多数都还没有完全实现真正意义上的公司治理，而是更多依靠家族内部的亲属关系建立起权威治理。同时，家族企业的管理也因此并非完全依靠制度，而是带有更多情感色彩。当婚姻发生变化之后，家族企业原本具备的治理元素都会因此而发生变动乃至混乱，最终，家族企业受到负面影响的可能性就会相当大。

因此，企业家在面对婚姻时，应该采取更加审慎的态度，看到婚变可能产生的不同影响。

1. 通过财产约定来规避风险

虽然《婚姻法》有相关规定，但这并不意味着当企业家的婚姻发生变化时，就一定要对家族企业做出分割。事实上，这不仅不利于企业家本人，也不利于家族和企业，同样不利于社会。为了防范这样的风险，企业家可以通过必要的财产约定来解决家族企业在婚姻中的财产问题。

同时，当家族企业在准备上市之前，应该注意签署股东和配偶之间、股东和股东之间、股东和企业之间相应的协议，从而保障整个企业的权益，规避因为家族内部婚姻变化产生的风险。

2. 企业家应该避免发生情感纠纷

家族企业的领导者必须意识到，拥有稳定家庭，是企业家创业、工作的最坚定基础之一。如果一旦无法控制好情感关系，导致情感纠纷上的失控，那么届时将面对的不仅仅会是个人财产分割问题，更可能赔上企业发展的前景。因此，企业家应该更好地看到自身肩负的责任，而不是盲目地认为自己比起普通人理应获得更多的情感“特权”。

3. 避免企业接班者的婚姻盲目化

不得不承认，家族企业接班者的婚姻永远不可能是那种单纯的婚姻，这既是对接班者的要求，也是他们应该为家族和企业所肩负的责任。例如，在泰国的家族企业中，有将近33%属于政治上的婚姻，而46.5%属于商业婚姻，只有剩下的20%左右属于恋爱婚姻。很显然，在家族企业中，有意成为接班者的子女婚姻是不能过于盲目和自由的，一时冲动的婚姻很可能给企业接班者个人和整个企业带来打击甚至是灾难。

接班人计划助力企业腾飞

> 当企业为家族服务的时候，企业的发展就会受到限制；反之，当家族为企业服务的时候，企业和家族才可能得到共赢。因此，家族企业在选择接班人这个问题上做出怎样的回答，对于今后企业的发展和壮大是相当重要的。
>
> **——效率革命智慧箴言**

在家族企业创业初始，企业家凭借其个人能力和无畏精神，在商海中排除困难、获得了充分的优势。然而，这种特点又很可能在企业迈入正常发展阶段时，导致企业家忽视了管理组织架构的建设，而过于相信个人能力，成为家族企业发展的障碍。

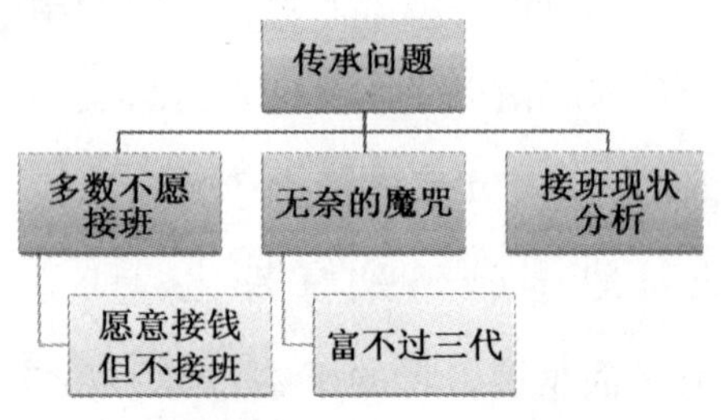

图8－1 接班人计划

更为重要的是，不少家族企业经过创始者的辉煌之后，传承到接班人手中时，就出现了各种问题。这些问题一旦处理失当，很容易导致企业走向没落。因此，对于家族企业来说，更需要通过系统、科学的接班机制的运作，来挑选出最合适的接班人，保障企业中权力的顺利传承过渡。而正是在这样的计划保障下，企业接班人才能得到充分的挑选、培养，获得充

分的锻炼，从而使得企业能够成功实现可持续的发展过程。

一般来说，家族企业的挑选接班人方式主要有以下三种。

首先是家族内部成员接班。这主要是指家族企业创始人的子女或者其他有血亲、姻亲关系的人士来成为接班人。在中国家族企业中，大多采用这样的方式选择接班人。

其次是内部接班。接班人的挑选范围主要在那些曾经或者正在家族企业中工作过的人。这种接班方式，能够对企业内部员工的职业发展起到促进作用，可以充分调动他们的工作积极性和凝聚力，而被挑选的接班人进入工作角色的速度也相当快。

最后是外部接班的方式。这种接班方式挑选的范围，是指那些尚未在家族企业工作过的人。一般来说，采取这种方式挑选接班人的通常都是业绩比较差的家族企业，通过这种方式，能够避免因为企业现有管理人才能力较为缺乏而导致的发展瓶颈，并为企业带来新的发展动力。当然，选择这种方式，要考虑到现有职业经理人的素质良莠不齐，外聘的经理人在控制上难度较大等风险，因此，普通的家族企业不会将之作为首选的接班方式。

在确定接班方式之后，家族企业应该制订一个完整系统的接班计划，这个计划通常分为以下三个步骤。

首先是对接班人人选的确定。企业可以根据不同的指标如年龄、学历、工作经验、工作业绩、工作发展潜力等方面对接班候选人进行挑选甄别，也可以聘请专门的人力资源评价专家组成委员会，对接班候选人进行各方面评测，从而准确确定接班人。

其次是对接班人的人选进行培养，同时，在培养过程中，不断进行筛选、淘汰。接班人人选不仅应该在工作中掌握本行业的生产、经营、营销、技术等专业知识，同时，还应该在实践工作中具有一个成功企业家应该具备的学习、激励、沟通等能力，并具备应有的商业道德和个人魅力。

家族企业在对接班人选的锻炼过程中，也应该重点观察起是否能从全面范围来挑起推动企业发展的责任，并经过企业长期培养来成为领导人。

最后是企业经营管理权力的顺利过渡。当企业的接班候选人经过长期筛选和培养后，淘汰掉那些不足以担任企业领导者的候选人，就能够确定最后的接班人了。然而，在新旧的领导者进行企业管理交接时，有很大可能遭遇阻力。例如，接班者候选人之间的利益观念和斗争、权力交接时整个企业的磨合等，企业核心管理者应该努力让这些矛盾最小化，从而实现企业交接过程的平稳完成。

综上所述，在家族企业中，企业领导者不能只是依靠个人的权威和企业家的主观意志来实现权力交接，必须要随着企业自身的扩张、市场的变化，系统科学地选择接班人，让家族企业走向规范化的未来。因此，对于企业接班人来说，他们自身的素质也应该有所不同，主要表现在以下几个方面。

1. 人品

一个良好的接班者需要具备独特的人格魅力，才能让家族企业团结在新的领导核心中。只有那些真正品德优良的人，才能得到家族企业中不同利益方的拥护和敬佩；而只有具备足够才能的接班人，才能得到员工的尊重。因此，对于企业接班人来说，德和才是支撑其人品的两大支撑。

2. 领导力

接班人想要在企业中顺利树立自身威信，就应该具备高明的组织能力，从而协调好组织内外的人际关系，并确保企业能够和谐有序地工作运转，并调动员工的工作积极性。同时，接班者自己还应该具备勇气和进取的精神，不满足于现有工作状况，而是要不断创新和发展。

3. 学习能力

作为企业的接班人，不能躺在旧有的企业基础上，而是应该利用自身

的学习能力，加快企业对市场环境的适应速度，才能做到不断去进行适应、调整、变革和创新，从而让企业获得新的发展力量。

家族企业的寿命有多长

和许多人想象的不同，普遍上来看，家族企业的绩效要好于非家族企业，而且其寿命要更长。但拥有更长的寿命，需要家族企业具有以下的因素：具有长期的发展观，进行积极地规划和投资、长期的绩效评估，对企业的发展质量做到更加关注，能够更好地将高质量作为企业的发展导向等。同时，家族企业也应该克服自身的固有缺陷，才能更好地延长本身的寿命。

——效率革命智慧箴言

2010年，美国哈佛商学院的教授约翰·戴维斯宣布，通过他对欧美地区企业的研究调查显示，在西方文化传统和法律框架下，家族企业的平均绩效明显好于非家族企业，同时有着更长的寿命。戴维斯的研究表明，首先，欧美家族企业有着长期的战略规划和发展观点，他们无论对于自身的投资、规划还是营销、采购都着眼于长期；其次，家族企业更加注意产品质量和企业品牌，他们将产品的质量和企业、家族的声誉关联起来，不会在这方面试图降低太多成本；最后，欧美的家族企业和员工、客户、供应商、销售商之间都有着不同程度的忠诚关系，也能促进其成功延长企业寿命。

由于与欧美较为成熟的家族企业管理方式不同，因此，中国的家族企业寿命并没有达到这样的水平。据2011年12月中国工商联对外发布的《中国家族企业发展报告》显示，我国家族企业的经营年限只有8.8年，而其中一半以上的家族企业都是在2001年之后建立的，依然处于早期的创业阶段。

对于这些家族企业来说，远在大洋彼岸曾经显赫一时的王安家族企业的失败案例，可以说具有一定的教育意义。

王安博士是美籍华人，1951年，他从哈佛毕业，只有600美元积蓄，但依靠这仅有的财产，他在美国建立起第一家由华人经营的高科技公司——王安实验研究公司。在最鼎盛时期，这家公司拥有30多亿美元的资本、30000多名员工，并能生产全套的电子计算机设备。王安本人也曾经被美国总统里根授予全美杰出人士的荣誉。

然而，这家曾经鼎鼎大名的公司最终在1998年彻底没落、被人并购。为何这样的家族企业寿命如此短暂？

究其原因，包括下面两方面的致命伤：

一是继承人选择不当。王安是传统的中国人，他头脑理性、目光长远、生活俭朴，并具有强烈的社会责任感。然而，他也和许多传统华人一样，希望将公司交给自己的长子王烈。1986年11月，王烈被任命为公司总裁，导致公司高管层分崩离析，多名元老辞职。而单人总裁的王烈对公司的情况并不了解，甚至在公司出现财务危机时，也不知该如何应对。1988年8月，王安宣布长子辞职，在这段时间内，公司总共亏损4亿多美元。而之后病情加重的王安委任爱德华·米勒担任公司总裁，米勒虽然是管理大师，有过多次让企业转危为安的经历，但却对电脑科技并不了解，结果王安公司的负债虽然大幅减轻，但产销状况却鲜有起色。

二是王安公司的产品和技术开始和市场严重脱节。王安公司原本在对数计算机、小型商用电脑、文字处理传输机等多种办公设备上都具备相当

实力，但王安在1985年，由于竞争关系，而拒绝研制和IBM电脑相兼容的产品，这样，整个企业无法吸引新客户，连老客户都感到无法信任。这样，王安公司开始一步步陷入泥潭。

可以说，王安是一位成功的家族企业创始人，但他并不是一位卓越的家族企业守护者，他的成功世人皆知，但家族企业的失败经验也必须引起我们的警惕。当家族企业处于发展和变化的环境中时，整个家族都不能以过去的成功方法来继续对当前的管理活动加以指导，否则，再成功的企业都有可能不得不吞下失败的苦果。

那么，家族企业的管理者应该如何选择方法来避免家族企业寿命过短的问题呢？

1. 进行正确的财富分配

不少家族企业的创始人虽然能够和企业员工共享财富，但他们总是愿意采用发放现金的形式，而很难愿意和他人共享股权。在家族企业创始人眼中，一旦将股权让出一部分，就是对自身奋斗过程的背叛、是对家族产业的放弃。然而，如果从来不愿意分享股权，一个合理的共享财富制度就无法建立，家族企业的寿命就难以得到有效延伸。

2. 将家族企业的竞争力投入到正确的业务上去

为了让家族企业的寿命能够有效延伸，企业家应该将家族企业的利润、技术能力、市场渠道等有效集中，并投入到最核心的运营业务上去。这样，业务的运营成本才能够得到有效的降低，而家族企业未来的发展才能获得成功。

同时，企业需要优秀的发展方向。不少中小型家族企业都希望走多元化发展的路子，其实，这样的路子对于不少企业来说都难以获得成功。因为家族企业的发展应该是优势业务的叠加和互动，而不是盲目的多元化，同样不应该是盲目的单一化。

3. 正确选择家族企业的接班人

接班人对于家族企业的重要性不言而喻。选择了错误的企业接班人，很可能带来的是企业寿命的减少，这是因为企业核心管理者对于家族企业发展方向的重要性是不言而喻的，他们个人的工作能力、工作经验和工作态度，都会影响到家族企业的未来走向。因此，家族企业的创始人必须要能够在接班者的问题上充分谨慎、多方面抉择，并得出最好的答案。

无法传承的企业家基因

从改革开放开始创业的家族企业创始人，已经开始面临着传承企业的问题。之所以是问题，源于其基因传承的困难。我们看到，不论是哪行的家族企业，许多曾经搏杀商海的企业家在寻找、评价接班人时，都难免在犯同一种错误：潜意识中寻找当年的自己，希望能够延续自己。但问题是，企业家的基因无法遗传，而更应该打破的，是那种单纯的复制。

——效率革命智慧箴言

在企业中，总想用自己的工作思维、工作理念来对后任加以影响的领导并不少见，但他们的家族企业未来发展的道路也并不见得成功。与此相反，倒是那些并没有刻意去对企业家的“基因”进行传承的家族企业，反而能够因为反基因的传承，而为整个企业带来了应有的改变、创新和活力。

这是因为，在家族企业中，不同时代的领导者基因上的变化，往往能成为企业变化的深层次推进力。而正因为如此，那些看起来完全和企业创

始人相同的接班者，往往注定会受到来自不同方向挑战而承受相当大的压力。反之，企业领导的基因想要得到真正的传承，那就不仅仅是领导者性格上的传承、管理风格上的模仿，而是主要对企业创始人精神的学习传承。但企业创始人精神的本质，就是企业家反对传统、开拓进取的精神。也就是说，家族企业最应该继承，也真正能够继承的，正是对“反传统”的继承。这个事实虽然从表面上看是相当矛盾的，但其背后却是家族企业发展的真理。

实际上，上述的道理是不言而喻的——家族企业创始人并没有多少明显从上辈传承而来的商业能力、商业素养。正如2004年，万科创始人王石在杭州和财经作者吴晓波闲谈时所说的那样：“我的父亲是行政官员，我的母亲是锡伯族妇女，我也没有受过商业训练，那么，我以及我们这代人的企业家基因是从哪里继承的?”的确，企业家的基因并非直接传承而来，只能是从“反传统”的尝试实践中不断锻炼而出。

正因如此，企业家在挑选、培养和锻炼企业接班人时，就应该了解自己所需秉持的态度和立场：企业创始人并非是对企业接班人耳提面命的老师，他们需要对接班人进行必要的训练、引导和改变，但其任务是让企业的接班领导者获得自身领导和管理风格的明确，而不是对创始人盲目的复制；是让企业通过权力的继承获得良好的更新换代，而不是通过领导者表面的更替却实际上维持着同样的萧规曹随。只有明确这一点，家族企业的创始人才能在挑选和培养继承人时有清晰准确的标准。

基于大量家族企业的研究实施发现，随着家族企业创始人实际年龄和心理年龄的不断增加、家族企业的规模的不断扩大，企业所掌握的资源不断丰富，企业创始者的精神会随之发生衰减，而企业家的基因更加难以传承。面对这样的实际情况，家族企业的企业家精神的传承，就必须关注传承和创新的相互融合，并注意挑选好交接的时间和时机。同时，也需要企业创始人能在下列方向做好相应工作。

1. 灌输价值观

企业创始者的传承，不如看作是企业家精神的传承，而企业家精神的形成是同家族企业的发展经理、企业家自身的奋斗历程有密切关系的，因此，当这种企业家精神形成之后，就会成为整个企业的经营理念的代表，这就需要对企业继承人从最开始就培养并灌输其中的价值观。当继承人认同了企业创始人对市场、客户、产品、企业、员工等一系列要素的价值观之后，他们在继承企业家精神上也就会更有成功的把握。

2. 企业家精神的传承需要时间

大量经验表明，培养合格的企业接班人需要的时间并非一两年就可以完成的。家族企业创始人必须要花费应有的时间去对企业接班人进行培养、训练和观察，在这样的过程中，不仅能够考察出其能力、经验和态度，更需要侧重于对其理念和精神上的渗透与改变。只有花费充分的耐心，才能完成企业家精神的代代相传。

3. 不要盲目去复制创始人

家族企业创始人最容易犯的共同错误就是将企业家精神的传承当成对自身的复制。实际上，他们应该学会尊重企业和家族中的继承人，能够根据实际环境的变化采取应有的方式考验他们，并给出必要的信任。例如，承认他们的个性差异，正视他们和创始人的不同，并给出充分的机会来让他们担任企业不同岗位的核心管理者，并让他们在各自的环境中进行相应执行力、领导力的表现和评价。这样，整个家族企业的文化才能得到稳定而持续地更新，企业家精神的传承才能得以维持。

总之，企业家的个人基因很难传承，但企业家的精神可以传承。家族企业在代代相传过程中，看重的应该是精神的一脉相连，并为此做出应有的努力和贡献。

“企二代”的选择

> 改革开放以来，大批的创业者已经打造出相当多数量成功的家族企业，而与此同时，在他们的人生道路上，也养育出了各自风华正茂的子女。当这些子女走出学校、踏上社会时，越来越多的企业家都希望自己的企业能够顺利地交给这些“企二代”手中，守住自己半生努力而得来的家业。然而，直接的产业传承，并非企业家真正唯一的选择，也并非“企二代”们最好的选择。
>
> **——效率革命智慧箴言**

对于那些从20世纪七八十年代开始创业，而目前正在寻找和确定接班人的家族企业来说，他们面临着的最大麻烦并不在于缺乏接班人，而是在于缺乏家族内部的接班人。据有关报告显示，目前中国的家族企业中，只有25%左右的家族子女愿意表示对企业接班，这一比例只占据调查样本总数的1/3，而其余的2/3或者只愿意继承钱，或者只愿意继承股份，甚至只愿意继承企业家父母带来的人脉、关系和社会地位等。如果这样的统计数据具有充分的代表性和前瞻性，那么，一个不得不令人接受的事实是，在目前的家族企业中，只有三成左右的企业能够顺利从创始人的手中通过家族延续到第二代，而能够将企业管理的权力交接到家族第三代成员手中的，则只能占到10%左右。

这份调查显示，影响“企二代”接班选择热情的，首先来自家族本身的社会属性变化。在现代社会中，家庭成员的分散化、家庭关系的改变，都导致家族凝聚力不如以前强烈，这导致了“企二代”接班意愿的集中表现。同时，计划生育政策执行的现实情况、多元化的社会价值观、市场竞争的残酷压力等，也会让“企二代”们在做出继承企业的选择时有更多其他考虑。

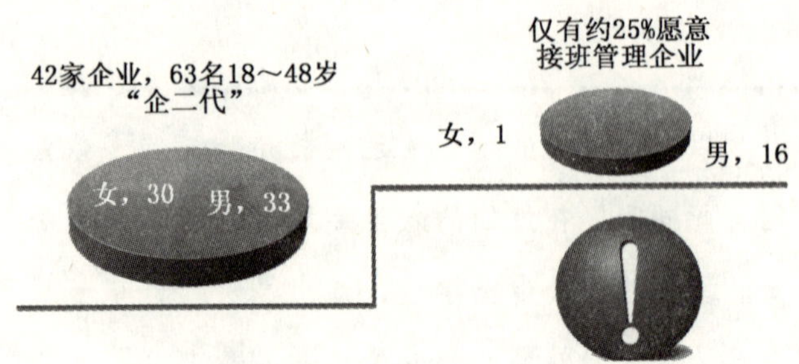

图8－2　“企二代”的选择

和企业创始人热切盼望的不同，“企二代”们在面对接班选择时表现出的热情较低，而其中表现更明显的原因，是对企业所处产业具体发展前景的不同看法，这些看法也会在一定程度上影响着这些“企二代”们做出的具体选择意愿。

普遍来说，企业产品和服务涉及高科技行业的企业家族子女，其接班意愿要明显较高。而那些技术含量较低的服务业，接班意愿则就相对较低——在被调查的509家服务业家族企业中，只有75家的家族子女选择接班，而明确表示不愿意接班的子女比例则占到了33%左右。同时，调查还显示，在家族企业中，企业治理结构和管理程度越正规，那么其子女接班意愿就越高；反之，越是远离正规化的企业，其家族子女接班选择可能就越低。

其实，“企二代”们之所以做出不同的选择，和他们个人的经历也有着明显的关系。那些能够接受到正规学历教育，并在企业内部轮岗担任领导者机会较多的“企二代”，他们表现出的接班选择意愿显然较高。而在国外，更多的家族继承人在做出自身是否加盟家族企业的选择之后，通常都需要去到其他企业工作，并根据这段工作经历来做出选择。这样的不

同，很可能说明了为什么国外的“企二代”能够更加迅速而明确地作出自身选择，而中国企业的传承意愿往往是企业创始人的一厢情愿。

当然，“企二代”是不同于其父母身为创始人的一代人，他们直接选择子承父业，并不一定是其个人的最佳选择，也并不一定就能保证企业在不断持续地发展。因此，无论是家族企业的创始人，还是“企二代”自己，都应该更加理智客观地看待问题。

1. 具有良好潜质和机会，不妨去创业

对于那些具有良好潜质和机会的“企二代”来说，因为他们有充分的资金、人脉和机会去独自创业，因此不妨拒绝选择子承父业，而是独立创业。在他们独立创业的过程中，不会有太多的顾虑担心，也没有既有的那些条条框框来进行约束。因此，他们完全可以在最短的时间内去获取更多资源、学习更多经验和知识，从而得到更快地成长。在这样的过程中，家族企业的创始人不妨给予应有的资金资源作为支持，并不需要在他们创业的过程中给出太多意见，更不适合因为自己的看不惯、看不懂就对他们的方法做出批评。不妨在子女遇见困难、主动提出帮助需求时，再利用自身的管理经验给予帮助。

2. 优秀的“企二代”可以从投资做起

对于那些优秀的“企二代”，企业创始人可以支持他们直接从投资行业做起。这是因为中国目前的主要经济形态正在从制造向服务转变，这一特征决定，越是在经济发达地区，经营向投资转变就会有越多的成功机会。而“企二代”不妨选择从投资起步，并获取应有的经验，再重新进入家族企业，这样，对家族企业管理和控制情况就会好很多，而企业家族中原有的那些“功臣员工”也会更加愿意追随和服从他们，避免家族企业发展中可能存在的问题。

3. 为“企二代”的接班选择打造好条件

如果“企二代”结合个人情况特点、企业发展需求，选择了子承父业，那么，这也并不代表企业创始人可以就此退居幕后、安然享受。他们应该首先从业务上选择一块能够让“企二代”独立负责管理的部门或者项目，而不是马上将整个企业交给他们，也并非让他们从基层员工做起。另外，如果“企二代”没有做出接班的选择，那么企业创始人应该提前物色家族内外适合的管理者并进行培养和挑选，并在模式上探索更多合适的方案予以准备。

中日家族企业模式比较

由于历史的原因，中日两国企业发展在传统文化上有很多相同点，同时也有企业管理理念和方法上的很多差异。通过对中日两国家族企业在各自企业的文化建立、经营管理方式、治理结构和企业上下不同层次的态度等方面进行对比，能够帮助中国的家族企业完成家族企业化的应有提升，并发挥必要的借鉴作用。

中日家族企业的不同，首先是管理模式上。中国的家族企业刚刚从创始阶段走入发展阶段，因此，不少身为创始人的领导者在企业中的角色并非只有一种，他们常常有意或者无意地将家族秩序带入企业的伦理秩序中。这样，家族企业内部经常会按照家庭秩序来区分上下关系，整个企业的内部管理体系结合了血缘关系和能力这样两条不同的线索。由此对应，中国家族企业中越是在家族内部得到较高信任程度的人，在企业中获得的权力、地位也就越高，显然，这种人事安排的原则并不是真正符合科学客观人事原则的，是根据企业老板和下属之间关系进行安排的。由此，导致

在中国家族企业中，表面上每个员工在企业的管理系统中都有着组织所赋予的身份角色，而企业内部的工作关系、资源归属、权责分配、人际互动等，也表面上都按照组织应有的规则。但实际上，企业创始人对企业员工有着怎样的关系定位、身份定位，才是整个企业内部用人、利益、据测的最真实标准。当中国的家族企业一旦开始出现经营上的风险，为了减轻企业所背负的压力，企业领导者基本上都会选择从家族关系网最外层开始牺牲不同关系员工的利益，而这样的牺牲所坚持的原则是由疏到亲、从远到近的。因此，在这样的管理模式中，家族企业中那些较为外围的成员往往面对着更大风险，他们很容易因此形成不同的非正式组织，一旦发现有更好机会，就会选择个别或者集体跳槽，寻找更好待遇。

而在日本家族的企业中，受到重用的成员既有着包含了血缘关系的员工，同时也有着没有血缘关系的员工，企业管理者对待这两种人没有什么太大不同。因此，在日本的家族企业内，普遍是将整个企业作为家族的模拟，采取“终身雇用”“年功序列”等管理方法将员工全都纳入“大家族”中。最著名的例子就是在日本经济大萧条时，家族企业领导人松下幸之助宁愿将当时的生产任务缩减一半也不同意解雇员工。这样，日本家族企业就能够获得家族内外员工的忠诚，培养他们的集体意识，并促进企业和员工的长期合作。这样，日本家族企业往往比起中国的家族企业看起来更接近一个大家庭，有着更加和谐的人际关系。

其次，在中日家族企业对职业经理人的管理上，也有着许多不同点。

受到传统文化的浸染，中国家族企业的核心管理者很难真正相信家族以外者，也因此不容易做到吸收优秀的人才进入企业管理层。这样，家族的所有权和经营权都是家族成员所掌握，企业内必然会形成以家族成员作为核心的小团体。一旦这样的小团体利益和家族利益发生矛盾时，企业也只能选择用家族管理来代替原有的管理结构，这样，职业经理人即使进入家族工作，也往往难以获得真正发挥其作用的空间。当然，这种对职业经理人不利的管理模式也是有多方面原因的，并不在于信任上的缺乏。也在于中国职业经理管理人目前的缺乏，导致家族企业可以挑选的范围并不大。

反观日本家族企业，早在企业早期时，企业创始人就会和职业经理人共同管理企业，而企业主选择退居幕后，将企业的管理权交给经理人的现象也并不少见。第二次世界大战以后，由于美国在日本主导的改革措施，财阀制度受到很大冲击，日本绝大多数家族企业都实行了专业经理人管理的制度，例如，丰田、三井这样的公司都聘请了业界比较有名的职业经理人来掌管企业，做到了职业经理人既有职位，又有权力。这种家族企业管理专业化、社会化的变革，推动了家族企业决策在民主、科学上两方面的同时进步。可以说，日本家族企业对于职业经理人制度态度的改变，对其企业发展发挥了相当重要的作用。

最后，双方在家族企业传承模式上也有很大差异。中国家族企业，创始人死后，企业资源被儿女拆分，不再具有竞争力。日本企业家死后，通常不会拆分企业，而是交给最优秀的亲人管理，其他人只获取公司分红。

在中国家族企业中，由子女继承的模式依然是主流。例如，格兰仕集团、万向集团、方太集团、红豆集团等，即使在受到日本家族企业文化影响下的中国台湾企业界也同样如此。然而，子承父业的家族企业继承模式比较容易导致企业陷入“富不过三代”的迷局中。反之，日本的继承制度虽然表面上看起来也类似父传子业，但实际上其子女的选择是经过充分设计的，被挑选的包括养子、女婿和亲生诸子等。其中，将企业传给养子、女婿的，占据了家族企业传承比例高达35%左右。因此，这种在父子继承制度表现下的择优继承模式，能够让日本家族企业在相当的程度上冲破原有的家族观。这样的家族企业名义上属于家族，但实际上已经是社会化的企业，这样的家族企业自然能够获得不断的延续。

对中日两国家族企业模式进行分析，并不意味着提倡中国家族企业完全西化，同样也并不意味着日本家族企业的模式就能够照搬到中国。这种

分析和比较，能够为我们带来宝贵的启示，并获得企业改变的路径。

1. 重视家族的传统文化

不少企业家看重的是家族对企业的控制权，却忽视了家族的文化传承。因此，不少中国企业自身提升所面对的阻力，恰恰并非来自外界，而是来自其核心领导者。对中国家族企业的发展，应该站在家族传统文化传承的基础上，走向现代化的专业经营，而将家族传统文化如创新、挑战、突破、个性、长远眼光、品质追求等优点结合在这样的专业经营中才是重要的方向。

2. 促进企业管理向以人为本转变

中国家族企业应该更多地吸收日本家族企业管理模式中的先进文化，不断促进以人为本、成员平等的原则，从而强化无论家族内外员工对企业的归属感。这样，家族企业的管理才能站在家族传统文化上，不断向企业的人本化管理转变。

3. 企业管理走向专业化

虽然日本企业也是单纯的家族企业甚至只是家庭企业起步。然而，家族管理在日本经济发展的早期，就已经被专业化管理取代。而从国际管理发展的实践来看，管理做到专业化和职业化，对于让家族企业朝向更好的目标发展具有积极作用。因此，在中国的企业中，也应该做到从家族化管理向专业化管理积极过渡，而这样的过渡，应该由家族企业经营者对职业经理人的普遍信任的建立开始。

后　记

以铜为镜，可正衣冠；以古为镜，可知兴替；以人为镜，可明得失。

——唐《贞观政要》

在我国五千年的文明历史长河中，有关“组织管理”文字记载历史长达三千多年（商代即有文字，甲骨文）。而在不同的历史时期，中央行政体制变迁，更多的是为了解决组织效率问题。现代管理亦如此，只不过，提升组织效率的过程，同时也是提升组织执行力的过程。企业通过效率革命，可以更好地为战略落地服务，打造永续经营的、能立足中国的企业。

之所以要在最后和大家分享“以铜为镜，可正衣冠；以古为镜，可知兴替；以人为镜，可明得失”这句话，是想时刻提醒自己和广大企业家朋友：无论企业现处于革命尚未成功时，还是已经取得了效率革命阶段性的胜利，我们都要时刻注意反省和对比。正如这句话所阐释的那样，对着镜子，我们便可整理好服饰穿戴。参照历史，便可总结出事物兴衰更替的规律。因为当今我们正经历的许多事物，其实在古代都发生过，我们可以从中汲取经验和教训。而和他人对比，便可看到自己身上的成功和不足之处。企业的经历与成长的过程或许会有雷同，但企业所面临的问题则各有不同。因此，提升效率的方式也不应千篇一律，而是要具体问题具体分析。至于怎么改变、如何提升，相信大家通过本书的阅读之旅，已经找到了有参考价值的答案。

当然，我和你们一样，依然在前行的路上。

书写至此，我的思维沿着组织效率提升的弧线，思接万里，在创作的过程中，竟有一股暖流从心底里慢慢淌过。这样的温暖让我激动！衷心希望有一天，各位企业家朋友们能取得“革命性的胜利”，带领自己的企业，点亮希望，温暖中国！

谨以此书献给中国的企业家们，感谢大家为中国经济发展承担的风险和做出的贡献！

作　者

2014 年 6 月

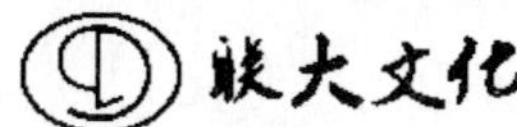

联合出品

NO.001

《品牌蜕变：从区域名牌到全国品牌的九大策略》

作者：吴之

定价：32.00 元

NO.002

《做最赚钱的餐饮：餐饮利润倍增魔法》

作者：廖靖雄

定价：32.00 元

NO.003

《高效执行你学得会：让高效执行简单化的 7 个策略》

作者：张友源

定价：32.00 元

NO.004

《领导力决定一切》

作者：蔡鲲鹏

定价：35.00 元

NO.005

《总裁密码：三维法则与九段总裁智慧操盘实战策略》

作者：吴群学

定价：39.80 元

NO.006

《8 步打造金牌销售团队》

作者：匡晔

定价：35.00 元

NO.007

《经营员工》

作者：禹志

定价：29.80 元

NO.008

《魔鬼生意经：做生意必修的 8 堂财富课》

作者：高乃龙

定价：32.00 元

联合出品

NO.009

《感动营销》

作者：张谦

定价：32.00 元

NO.010

《结果当道：打造实战结果团队的十堂课》

作者：陈卫州

定价：32.00 元

NO.011

《快速连锁加盟密码》

作者：陈星全

定价：35.00 元

NO.014

《尊“柜”服务：打造优秀社区银行》

作者：刘星

定价：35.00 元

NO.015

《穷思想 难为富人》

作者：蔡怀东

定价：32.00 元

NO.016

《礼学兴商利万年》

作者：孙剑虹

定价：38.00 元

NO.017

《易经与领导智慧》

作者：倪可

定价：32.00 元

NO.018

《九型人格与选人用人：企业因才施用的秘密》

作者：石淼

定价：42.00 元

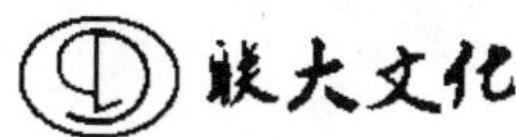

联合出品

NO.020

《NLP 教练技术：提升领导艺术，促进团队和谐》

作者：田建华

定价：35.00 元

NO.023

《职场情商 9 堂课》

作者：姚先桥

定价：32.00 元

NO.024

《时间管理改变命运：从加薪不加班到有钱有闲》

作者：卢绪文

定价：32.00 元

NO.029

《企业正能量》

作者：邓艳

定价：29.80 元

NO.031

《领军式营销》

作者：周圣凯

定价：32.00 元

NO.041

《从一流到卓越：道德成就事业，素质决定未来》

作者：苏自立

定价：35.00 元

NO.043

《效率革命：让组织效率倍增的 6 个关键》

作者：尚明淮

定价：38.00 元